岩波現代文庫／学術 326

十字架と三色旗

近代フランスにおける政教分離

谷川 稔

岩波書店

目　次

序章　もうひとつの近代フランス

首なし聖人像

フランス各地のカテドラルを訪れてみると、いまだに大革命の傷跡が野ざらしになっていることに驚かされる。たとえば、あの壮麗なルーアン大聖堂の正面ポルタイユを飾る聖人像だが、**図1**のように、最下段のものは台座だけ残して十数体すべて消失しており、二段目のそれも半数以上が頭部を損傷している。つまり、無残にも首がはねられた状態のまま据え置かれているのである。

フランス革命時のイコノクラスム(聖像破壊)、非キリスト教化運動の傷跡である。二〇〇年以上たった今も修復されていない聖堂が少なくないのは、財政的な問題も考えられるが、むしろテルールへの抗議、革命の「蛮行」にたいする告発を後世に伝え続けようとするカトリック教会の意図が見え隠れする。このことは、カトリックと共和派の文化へゲモニーをめぐる闘いが、十九世紀以降もいかに激しく展開され続けたか、そしてジャコバンの衣鉢を継ぐ諸潮流への教会の敵意がいかに根深いものであったかを物語っている。いわゆる教権主義《クレリカリスム》と反教権主義の対立、あるいは「国家の世俗性」(ライシテ)をめぐる対立である。

この対抗関係は、教育制度をめぐる昨今の紛争にもみられるように、今日でも基本的

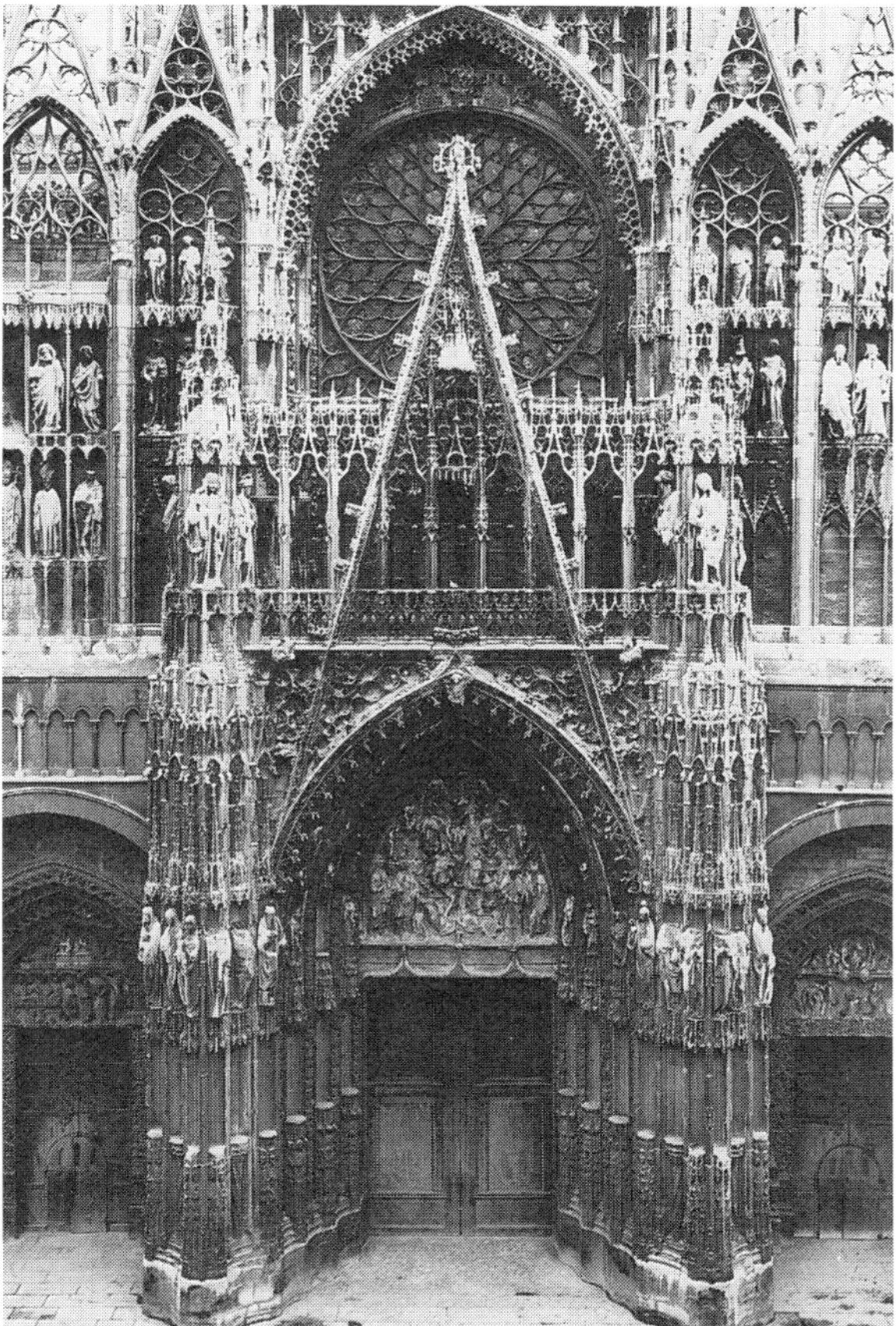

図1　ルーアン大聖堂のポルタイユ(正面)　聖人像の損傷と1段目の欠落に注目.

に克服されてはいない。たとえば、一九八四年、公教育の一元化をめざしたサヴァリ法が、カトリックを中心とする激しい抗議行動によって廃案となり、ときの社会党モーロワ政権は崩壊した。私学はほぼカトリック系の経営であったため、教会はこれを死活問題ととらえ、渾身のデモンストレーションを組織した。百万人を超える規模のデモ隊が二次にわたってヴェルサイユからパリに攻め上ったといわれる。

これにたいして、一〇年後の一九九四年一月、今度は保守のバラデュール政権下で、私学助成制限撤廃を盛り込んだバイルー法が、革新系の大デモによって廃案に追い込まれている。私はたまたま在外研究でパリに在ったためこの光景をじかに目撃することができた。帰国直後、その体験をルポルタージュ風に綴ったことがある(1)。すこし長くなるが、ここでもう一度読み返してみよう。

氷雨のなかの百万人デモ

一月十六日、この日は氷雨まじりのどんよりとした冬空だった。私は数日前の食中《あた》りの後遺症から脱けきれず、遅めの昼食にお粥をすすっていた。日課の古文書館に出かける元気もなく、ラジオのスイッチをひねると、「公教育の世俗性擁護」を叫ぶ大デモ隊がナシオン広場へ到着したとのニュースを報じている。アナウンサーによれば、あのファルー法の擁護のために、左翼＝世俗派が大量動員をかけたという。

これは奇妙な構図だ。ファルー法といえば、たしか十九世紀半ばにカトリック勢力が公教育にふたたび浸透する足がかりとなった王党派系の立法だったはずだ（第五章参照）。聞きちがえだろうか。にわかにプロ意識が頭をもたげてくる。ナシオンなら歩いて二〇分の距離、ともかく出かけてみなければと、まだ揺らつく身体に鞭打って一週間ぶりに外へ出てみた。

するとどうだろう。私のアパルトマンが面するスールト大通りは、すでに赤旗やプラカードを持った人の群れであふれかえっていた。ナシオン広場から流れ解散してきたデモ隊が二キロ近く離れたこんなところまでやってきて、両側の歩道に二筋のうねりとなり、さらに南のポルト・ドレの方へ滔々《とうとう》と流れてゆく。どうやら送迎用のチャーターバスをめざしてやってきているらしい。そういえば車道の両端には大型観光バスが、あの広いブルヴァールを占拠するかのように、これまたびっしりと隊列を組んでいる。私はこの人波とバスの合間をぬって、つまり流れに逆らいながら北上した。

一〇分ほど歩いてポルト・ド・ヴァンセンヌから西へ左折するとクール・ド・ヴァンセンヌというシャン゠ゼリゼなみの大通りに出る。彼方にナシオン広場の女神像を望むこの通りに入ると、流れてくるデモ隊と送迎バスの隊列はさらに膨れあがり、人波をぬうのがいちだんと難しくなる。日本での常識から判断すると、これだけの人数とすれ違えばデモはもうおしまいのはず。広場に着いたころには後の祭りではないかと気が気で

図 2　ブルヴァールを埋めつくすデモ隊(1994 年 1 月 16 日)

なかった。だが、この危惧はまったくの杞憂におわった。午後三時前のナシオン広場は、まだ抗議集会の真っ只中、これから最高潮に向かおうかという熱気に満ちていた。

デモ隊を迎える主催者は、満面に笑みを浮かべて絶叫する。「諸君！　われわれは百万人の隊列でもってパリのブルヴァールを埋め尽くした！　われわれは勝利したのだ！」間髪を入れず、参加者と黒山の見物人から「ウォー」という歓声がわきおこり、鉦《かね》や太鼓が鳴らされる。凱旋門広場にほぼ匹敵するこの広大な空間を、はたして何千人（あるいは何万人）の人が埋めていたのか、私には見当もつかなかった。ただひとつはっきりしていることは、デモ参加者たちの大半はその場にとどまっていたのではなく、流れ解散のかたちで歩き続けていたにもかかわらず、広場はつねに人で埋まり続けていたという恐るべき事実である。

「諸君！　立ち止まらないでほしい！　後続の部隊のために、また安全を確保するために、広場をそのまま突っ切ってクール・ド・ヴァンセンヌからポルト・ド・ヴァンセンヌ方面に流れ解散してほしい！」ラウド・スピーカーから流される主催者の要請に、参加者たちは驚くほど素直に従っていた。そのとき私はまだ理解していなかったが、彼らは後続の規模を肌で感じていたからであろう。

「整然とした祭り」、というと奇妙に聞こえるかもしれないが、ナシオン広場を支配していた雰囲気は、まぎれもなく「祝祭」のそれだった。レピュブリク広場まで一直線に

図3　高校生たちの激しいデモ

図4　子供たちも「ノン！」

のびる長大なヴォルテール大通りの車道いっぱいに展開されるデモンストレーションの人波は、はるか彼方まで延々と広がり、最後尾はまったく認識できなかった。「アキテーヌ！」「ブルターニュ！」と、地方ごとに到着する部隊は、地方民謡を歌ったり、太鼓を鳴らしたり、思い思いの工夫を凝らしている。なかでも、バッグ・パイプを先頭に最大のデレゲーションを送り込んだブルターニュの華やいだ隊列が印象的だった。

父親が幼児を肩車し、母親が乳母車を押しながらVサインする教員一家の姿は、いかにもほほえましい。老若男女とりまぜて広場を占拠している人びとの表情は、皆一様に解放感にあふれ、達成感に満ちていた。パリのメトロで見慣れた、あの乗客の疲れ切った表情、険しい視線の類はどこにも見当たらない。パリにきて六カ月、人心の荒廃が目についてしかたなかったが、この日はじめて、民衆の晴れやかで誇らしい笑顔に接したような気がした。広場のあちこちにクレープや綿菓子を売る屋台が大繁盛、日本のメーデーを髣髴《ほうふつ》させる雰囲気さえ漂うが、こちらは、「教育の世俗性を守れ！」という単一スローガンだけでこれだけの祝祭空間が現出したのであり、その意味ははるかに深長と思われる。

私がナシオンに着いてからすでに二時間、つまりデモの先頭が到着してから三時間、五時をまわったというのに隊列はいつ果てるともしれない。依然として小雨がパラつき、あたりはもう薄暗くなってきた。後ろ髪ひかれる思いだったが、まともに食べていない

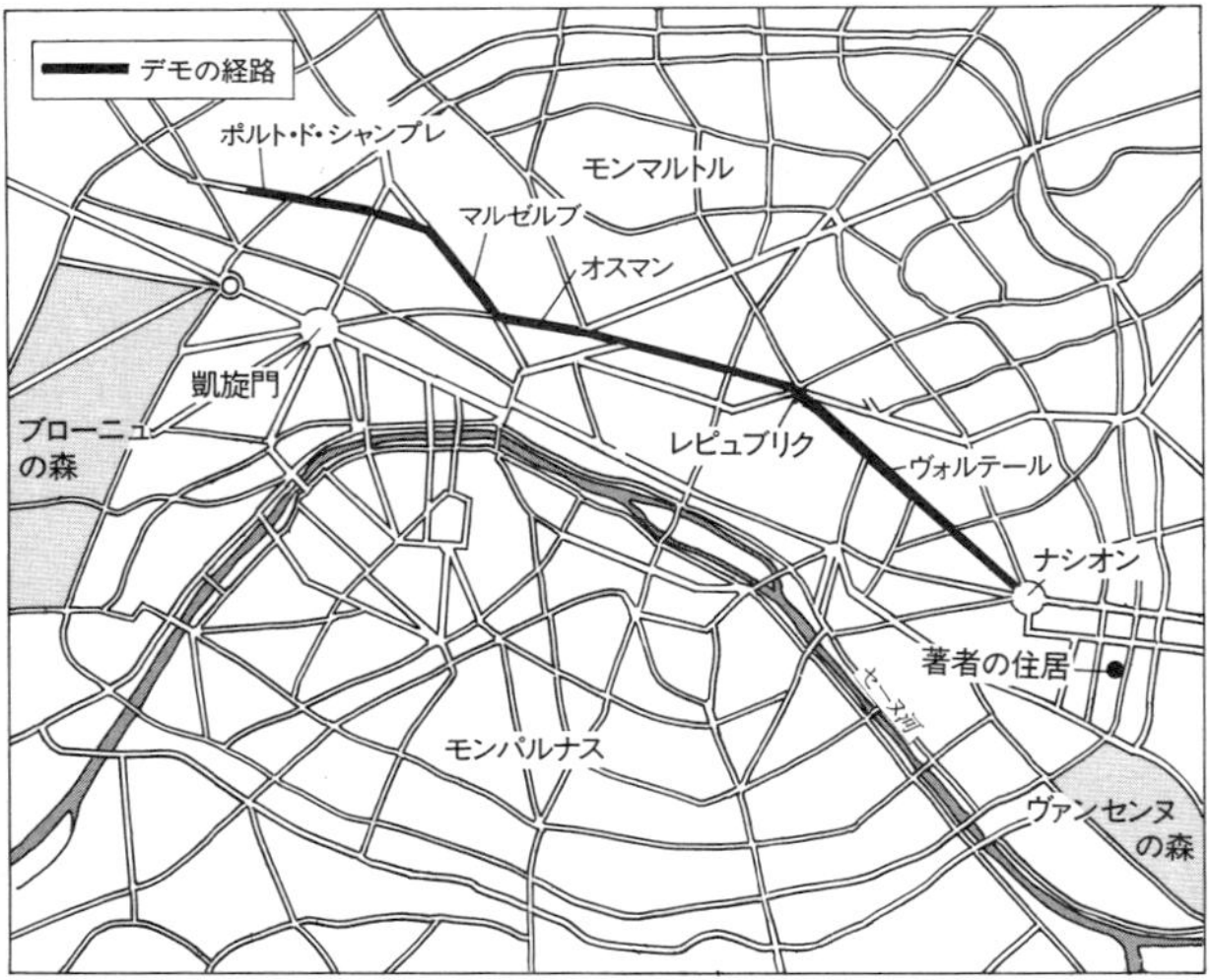

図 5　デモの進路(1994 年 1 月 16 日，パリ)

病身なのでともかく広場をあとにした。帰路、感動に似た興奮で身震いがとまらなかった。六時を過ぎてもラウド・スピーカーとヘリコプターの音が、アパルトマンまで伝わってくる。いったいこの抗議行動の規模はどれくらいのものなのか。現場の熱気をみるかぎり、主催者のいう百万人はあながち誇張とも思えなかった。

その夜のテレビは、十一時台のニュースでもナシオン広場からの現場中継でお祭騒ぎの模様を伝えていた。翌朝の新聞(一九九四年一月十七日付けの『アンフォ・マタン』〈*Info Matin*〉、『リベラシオン』〈*Libération*〉、『ル・パリジャン』〈*Le*

Parisien〉など）によれば、デモの最後尾に位置したパリの部隊がナシオン広場に着いたのは九時近く。**図5**のように、パリの西北ポルト・ド・シャンプレからマルゼルブ、オスマン、ポアソニエール、ヴォルテールといったブルヴァールをつないだ一二キロの道程。先頭がナシオンに着いたとき、最後尾はまだ出発できていなかったという。

送迎バスの台数は二〇〇〇。地方からの特別列車は七三（車両数？）。警視庁は参加者数を二六万人と発表した。正確な数値はだれにもわからないが、各紙は八〇万から六〇万のあいだだろうと推理している。はっきりしていることは、あの氷雨のなか、主催者（全国教員連盟ほか）の目標であった三〇万人をはるかに上回る人間が、パリの大通りを半日にわたって占拠したということであり、一〇年に一度の大デモであったということである。

反バイルー法――ライシテを守れ！

ことの直接的な発端は、一カ月前の十二月半ば（一九九三年十二月十三～十四日）、バラデュール内閣が「私学への公的助成制限を撤廃する法案」を強行採決したことへの抗議であった。従来、この制限を定めていたのが一八五〇年のファルー法の条項であったため、撤廃反対が「ファルー法を守れ！」と誤読されたのである。のちにみるように同法は、王党派の公教育相ド゠ファルー伯爵によって提出され、カトリックの公教育への復権を推し進めたものであった。

これは現在の公立校体制を規定するフェリー法(一八八一~八二年)の精神とは相容れぬ、たんなる残存条項にすぎない。このたびの左翼=世俗派による一大抗議行動は、もちろん「反ファルー、親フェリー」の基本ラインに沿って行なわれたものである。スローガンは「世俗性・平等・連帯」(Laïcité! Egalité! Solidarité!)であった。マスコミもこのことに気づき、数日後には「ファルー法修正反対デモ」ではなく、文相の名をとって「反バイルー法デモ」と表現するようになった。

それにしても、日本人一般の常識はもとより、イギリスやドイツの歴史を研究する学者の目からみても、たんに私学への公的助成促進に反対するというだけで、百万人デモが行なわれるなどということが信じられるだろうか。フランスの公教育における世俗性原則をめぐる問題は、われわれの想像以上に根が深いのである。この日の昂揚も、フランス革命以降連綿とくりひろげてきた、公教育をめぐるカトリックと共和派のヘゲモニー闘争、その延長線上に位置しているといってよい。

この日は、リセの高校生たちも隊列に加わっていたが、いささかどぎついプラカードを掲げて行進した。「マリアンヌ(共和国を象徴する女性像)は司祭どもに、コンドームもつけずに犯された!」という彼らの表現は、おりからのエイズ撲滅キャンペーンをもじってのものだが、草の根レヴェルでの反教権意識の存続をあからさまに示すものとして注目されるだろう。

ルソー的フランスとヴォルテール的フランス

首都パリを西から東へ横断したこの百万人デモの集結点がナシオン広場つまり「国民広場」であり、そこに通じる最後のブルヴァールが「ヴォルテール大通り」であったのは、偶然とはいえまことに象徴的である。反教権的フランスを象徴する思想家ヴォルテールと国民との結合、あたかも「ヴォルテール的フランス」そのものを表現しているかにみえる。

もっともわが国の読者のあいだでは、ヴォルテール的フランスといってもあまりピンとこないむきがあるかもしれない。それというのも、日本の戦後歴史学において近代フランスといえば、まずルソーに代表される人民主権論、そしてロベスピエール＝ジャコバン派に領導されたあの大革命を想起するのが常であったからだ。端的にいえば「ルソー的フランス」あるいは「ジャコバン的フランス」である。

この系譜は十九世紀以降もフランス的近代を象徴するメインルートとして認識され、大革命以後のフランス政治史は「自由・平等・友愛」の社会的共和国をめざす歩みとして描かれてきた。たとえば、一八三〇年の七月革命、四八年の二月革命と六月蜂起、一八七一年のパリ・コミューン、二十世紀に入ってからも人民戦線やレジスタンス、さらには六八年「五月革命」にいたるまで、ラディカルな社会運動のあいつぐ一大パノラマという、一種の革命神話に彩られてきた。いわばジャコバン主義の深化としての歴史である。

もとより、六八年世代の私がこの神話と無関係でありえたはずもない。主観的には、ジャコバン主義の対極としてのサンディカリスムの復権に意を注いだとはいえ、客観的にはこの神話形成の末端にかかわったことは否めないし、またことさら、そのことを否定しようとも思わない。なぜならこの「ルソー的・ジャコバン的フランス」への思い入れこそが、戦後日本の「進歩的知識人」を育んだ思想史的現実そのものであったからだ。思うに、歴史や人間を動かすのは、冷静な事実認識であるよりもむしろ誤読(誤解)にもとづいた心情的共感のほうであろう。

とはいえ、ルソー的・ジャコバン的フランスはまぎれもなくフランス的近代の一側面であった。このイメージが一種の神話であったという認識は、それがなんら実体をもたなかったということではなく、あまりに普遍モデル化されすぎた、という意味にほかならない。この集権的ナショナリスムは、フランス革命の「自由・平等・友愛」理念を具現するだけでなく、ときには社会主義理念とも結合することによって一定の普遍性を獲得し、西欧近代の一範型として二〇〇年間も君臨してきたのである。

だが、ソ連邦の解体が集権的社会システムの破産を告知し、ヨーロッパ連合(EU)の成立が国民国家の根拠を揺るがせている今日、フランス・ナショナリスムがまとってきた普遍主義は、まさにその使命を終えようとしている。たとえば、一九九一年夏の第二次「ロシア革命」直後、フランスの史家フランソワ・フュレは『リベラシオン』紙のインタビューにこたえて「ロシア人がフランス革命を終わらせた」と述べている。つまり、フランス革命以降二世紀にわたって続いたひとつの政治サイクルが、その円環を閉じるとともに、ジャコバン史学もその使命を完全に終えたという指摘である。

彼のいうように、普遍的価値を奉じたイデオロギーとしてのフランス革命研究に幕がおろされたのはたしかである。だが、もともとジャコバン史学が描きだしたフランスは、「さまざまなフランス近代」のうちのひとつにすぎなかったはずだし、「さまざまなフランス革命」の一断面でしかなかったはずでもある。神話は受け手(読み手)のニーズによって創られる(まさにルプレザンタシオン!)。

ともあれ、この神話作用の磁場から解き放たれた今日、私たちはイデオロギーとしてのフランス革命ではなく、歴史としてのフランス革命をもっと自由に探求できるようになった。たとえば、先のヴォルテール的フランスという角度から大革命を読み替えてみる、というのもひとつの方法であろう。いわば「特殊フランス的近代」を代表するテーマからのアプローチである。これは、大思想家の名を冠してはいるが、けっして特定の政治家や思想家の次元で「上から」歴史をみる立場を意味しない。もとよりヴォルテールはたんなる比喩にすぎない。しかし、彼はまた習俗を重視する歴史家でもあった。ヴォルテールの名は、おのずと社会史的視点を射程におさめさせてくれる。

したがって、この視角はたしかに特殊フランス的ではあるが、ローカルでマイナーな領域にとどまるものではない。宗教と国家、宗教と教育、政教分離といった国政レヴェルの普遍的テーマに迫る質をあわせもっている。われわれはそこから「さまざまな近代フランス」を重層的にとらえることができるはずである。たとえば、大革命期のそれを考える場合も、ひと昔まえのようにたんなる党派抗争や政策論争の分析にとどまらず、動乱の渦中にあった地方民衆、田舎司祭、無名の活動家といった人びとの反応に照準を合わせることによって、一味ちがうフランス革命像が浮かび上がるにちがいない。

思うに、宗教や教育は民衆の日常生活に直接かかわる問題である。この分野の変革は、革命期の諸改革のなかでも、人びとの意識や社会関係にとりわけ大きなインパクトを与えたはずである。近年のフランス革命研究においては、革命期の一〇年間は人びとの日常的心性(マンタリテ)や彼らが取り結んでいた社会的結合関係(ソシアビリテ)を変えたか否か、という設問が議論を呼んでいる。われわれは、このヴォルテール的フランスにまつわる諸問題を重層的にとらえかえすことによって、この社会史的設問にも一定の答えをだすことができるかもしれない。

それゆえ、さしあたってはフランス革命を「習俗の革命」という視点から再構成し、十九世紀以降に引き継がれてゆく問題のスキームをあぶりだしてみることから始めよう。そうすることによって、大革命以後二世紀にわたってフランスを規定していた「もうひとつの近代フランス」が姿を現わすであろう。

出典

（1）谷川稔「〈Laïcité〉のフランス――反バイルー法デモによせて」（『日仏歴史学会会報』第10号、一九九四年十二月）。

第一章　カトリック的フランスの解体

1　ガリカニスムの刷新

絶対王政の支柱

カトリックはフランスの国教であった。大革命以前、とくに十七世紀後半から十八世紀にかけてのフランス社会では、大多数の人びとは望むと望まざるとにかかわらず、カトリック教会のなかで生まれ、育ち、娶《めと》り(嫁ぎ)、そして死を迎えることになっていた。人びとは人生の節目ごとに、洗礼、初聖体拝領、堅信礼、婚姻、終油といったカトリックの秘蹟を施され、それらのデータは教区簿冊に克明に記録された。当時は世俗の地方行政システムがまだ確立していなかったので、今日における役所の役割を担っていたのは、全国に網の目のように張りめぐらされていたカトリック教会の教区組織であり、それを管轄する司祭であった。

教区簿冊はいわば戸籍簿に相当したので、当時の出生率、所帯の規模、平均結婚年齢、平均寿命など歴史人口学上のデータもこれをもとに知ることができる。とりわけ一六六七年の民事王令以降、洗礼・結婚・埋葬の執行とその記録管理が司祭の任務と定められてからは、教区簿冊と小教区網の公的性格はいちだんと明確になっている。もろもろの王令もミサの祭壇から教区民に告知されたのである。

このようにフランスのカトリック教会は、ヴァチカンと相対的に自立し、国家の教会という性格を色濃くしていた。歴史上、これをガリカニスム(フランス国教主義)とよんでいる。いわば、教会は絶対王政の行政機構に組み込まれ、民衆に最も近い末端でそれを支える存在であった。

人びとにとって教会の意味はこれだけにとどまらない。カトリック教会は施療院や捨て子養育院の経営、貧民救済事業といった種々の社会福祉活動に携わっていた。なかでも重要なのは教育機関としての役割である。イエズス会やオラトリオ会といった修道会がコレージュを経営し、エリート教育を担っていたのはよく知られている。

だが、さらに注目されるのは、各教区ごとに「小さな学校」(プチト・ゼコール)がおかれ、民衆の子弟に初歩的な読み・書き・計算が教えられていたことである。もちろん、この民衆向け教育は科学的知識を伝授するためのものではなかった。ねらいは、お祈りや聖歌、教理問答といったものを暗唱させたり、聖人伝を読み聞かせるなど、良きカトリック信者となるべき心得の習得にあった。カトリック信者はおよそ十二歳頃に成人への通過儀礼として初聖体拝領という儀式を受ける。「小さな学校」は、この初聖体拝領への準備という意味合いをもっていたと考えられる。

教会はまた、子供だけでなく成人の日常生活にも深くかかわった。司祭は教区民たち

図6　アンシァン・レジームの「小さな学校」

の良き助言者であると同時に、告解や日曜ごとのミサを通じて彼らの生活規範をこと細かに点検した。つまり道徳統制者の役割をもはたすのである。

カトリックは十六世紀のトリエント公会議以降、種々の教会刷新運動と取り組んできている。いわゆる「カトリック改革」として知られる、土俗信仰の排除、魔女狩り、農耕儀礼のキリスト教化など、一連の民衆文化の統制である。絶対王政下のフランスでは、この改革の延長線上に小教区の網の目が再編されて、全国にネットワークが拡がった。民衆を日常的にコントロールする「カトリック的フランス」の誕生である。一言でいえば、アンシァン・レジーム期のカトリック教会は王権の行政的末端機構であると同時に、民衆教化の要石《かなめいし》いわば文化統合の中心的担い手だったのである。

習俗の非キリスト教化

ところで、大革命前夜のフランスではすでに人びとのキリスト教離れが進み、カトリック教会の権威は低下していたという説がある。たしかに十八世紀後半以降、啓蒙思想の普及とともに都市ブルジョワ層を中心とした脱キリスト教化の傾向がみてとれる。また逆に、いまだ法的・言語的一元性を欠く十八世紀フランスにおいて、均質的なカトリック王国をイメージすることも正しくない。

たとえば、革命史家ヴォヴェルは、南仏プロヴァンス地方ではすでに緩やかな非キリスト教化の過程が随所に進行していたことを、克明な数量史的研究を通して実証している。だが、このいわゆる長期波動(長期的トレンド)における世俗化現象のみを一面的に過大評価することは、事態の本質を見誤ることになるだろう。世俗化は、主として都市部の、それも特定の社会階層に顕著な現象であること、またヴォヴェルの研究は、南仏という相対的にプロテスタントの比率が高く、独自の政治文化をもった地帯についての分析だという特殊性を考慮にいれる必要がある。

これらの説とは逆に、宗教史家たちは、神学校の整備された十八世紀の教区司祭は知的レヴェルも高く、以前のどの世紀にもまして熱心に司牧活動を行なっていたと主張している。少なくとも農村を中心とする大多数の住民は、意識するとしないとにかかわらず、先述のような宗教的リズムの刻まれた日常的空間と時間を自明の前提として生きていたとみるほうが自然であろう。

思うにフランス革命の「革命性」とは、じつはこの伝統的な日常生活のリズムを断ち切ろうとする前例のない試みにあったのではないだろうか。すなわちフランス革命とは、心性史家の軽視する「表層」の政治的事件にとどまらず、人びとの心性を規定してきた伝統的モラルを解体し、新しい生活スタイルを創出しようとする「習俗の革命」でもあったのではないだろうか。だとすれば、革命期にカトリック教会と聖職者たちが、なぜあれほど執拗に運動のターゲットとされたのかもうなずけよう。

心性史家の指摘する「長期波動」における非キリスト教化現象は、はたして革命期の非キリスト教化運動(短期的事象)のインパクトを受けて加速され、社会生活の構造的転換にまでおよんだのかどうか。社会史の立場から、フランス革命が今日なお検討に値するとすれば、おそらくこの問いの解明にあると思われる。

教会財産の国有化と修道会の統廃合

とはいえ、大革命が当初からフランス社会の非キリスト教化を目的意識的に追求していたとみるのはおそらく正しくない。また、教会や聖職者が終始革命の進行に敵対的であったと考えるのもまちがいだろう。そもそも聖職者層の意識は地域や階層によって分化しており、けっして一枚岩的なものではなかった。意外なことに、彼らの少なからぬ部分が、革命の初期においてはむしろ協力的な態度を示していたのである。聖職者たちが受け入れた大幅な譲歩は、やがて徹底的な打倒対象とされる彼らのその後の運命を考えると、信じがたい従順さというほかない。

まず一七八九年八月四日、聖職者たちは「大恐怖」にかられた貴族とともに封建的権利を自発的に放棄した。続いて彼らは、かの十分の一税の廃止にも同意する。これは従来自前で維持してきた聖堂、学校、神学校などの経費、さらには施療院、捨て子養育院、貧民救済など諸事業の財源を一夜にして喪失し、国庫に全面的に依存することを意味した。

だが当の国庫が累積赤字で底をついていたのは周知のとおりである。逆に、九月末には国庫を補塡《ほてん》するため、教会が所有していた金銀製の聖器や装飾品を、礼拝儀式に必要なものを除いてすべて供出することに同意している。

さらに十一月二日には、なんと修道院を含む全教会財産の国有化によって国庫の窮状を救おうという提案が可決されるまでにいたった。しかも、この法案の提案者はほかでもないオータンの司教タレイラン、聖職者議員自身であった。およそ三〇億フランと見積もられたこの教会資産を担保に、抵当証券のような紙幣アッシニアが発行された。皮肉にも、教会は自らを告発する革命政権の台所を、以後一〇年間も支え続けることになったのである。

このような措置がたいした抵抗もなく実施されたのはなぜだろうか。もちろん七月十四日のバスチーユ襲撃以降のパニックが大前提としてあったはずである。だが、それだけではあるまい。おそらく、教会財産にたいしては王権(政治権力)が広範な処分権を行使しうる、という慣行のようなものが従来から成立していたからであろう。現に、イギリス王室をはじめドイツの諸侯、それについ先年オーストリアのヨーゼフ二世(マリー・アントワネットの兄)も同様の措置をとっていた。国教主義、ガリカニスムの帰結というべきであろうか。

翌九〇年二月には、修道院の統廃合が立憲議会によって決定された。議会は大部分の男子修道会に廃止もしくは統合を命じたばかりでなく、新規に修道士や修道女になるための終身誓願を行なうことも禁じた。また退会を希望する者には年金を与えて解放することを規定した。ただし、教育や医療に携わっていた「有用な」修道会は例外とされている。修道会の強制的世俗化を含むこの措置は、それまでの特権や財産の剝奪とはちがって、宗教それ自体への行政権力による侵害を意味したが、さしたる抵抗もなく実施に移された。

図 7　還俗する修道士・修道女を揶揄するカリカチュア　「朝に髭をそって，夜には結婚だ」．

おそらく聖職者内部においても、司教や教区付司祭ら在俗僧たちは、日頃から修道院が実体に見合わない莫大な資産を保有していることを快く思っていなかったからであろう。統廃合の気運は、革命以前から内部でくすぶっていたのである。というのも、男子修道院の衰退傾向は十八世紀に入って著しいものがあり、人員においても実体をともなわない会派が少なくなかった。

たとえば、一七六八年には全土で六〇〇以上あったシトー会の修道院は、この九〇年当時三〇一と半減し、しかもその多くは無人に近かったといわれている。ベネディクト会、ドミニコ会なども同様であった。したがって修道僧自身にも還俗を歓迎する者が少なくなかった。カルトゥジオ会、トラピスト会といった例外はあったが、多くの伝統ある男子修道会から大量の修道士が年金を受け取り、自発的に退会を申し出たのである。

名門クリュニー修道院で四〇名中三八名もの修道士が還俗した事実を前にすれば、この措置を単純に宗教的迫害と見なすことはためらわれるだろう。女子修道会を中心に、じっさいに活動していた修道院の存続が許されたことを考えれば、この統廃合が一種の合理化と受けとめられたのも無理からぬところであった。問題は、修道聖職者より教区聖職者の組織体系にまで世俗の手がおよんだところから始まる。

聖職者の公務員化

立憲議会は一七九〇年七月十二日、世俗の行政権力の手で教会の粛正と再編をはかる聖職者民事基本法を採択した。この法案は四部から成り、のちに制定される憲法の一部を構成するものであった。おもな条文をピックアップして、その意味を検討してみよう。

第一部　聖職者の職務

第一条　各県はただ一つの司教区を構成し、各司教区は県と同じ広さと境界をもつものとする。

第四条　フランスのすべての教会、教区および市民は、いかなる状況下であれ、またいかなる口実のもとであれ、国外の権力の任命で擁立された司教や大司教の権威を認めてはならない……。

第二〇条　基本法に定められた以外のすべての資格や職務、たとえば――司教座聖堂参事会員職――などすべての聖職禄、特別職は、いかなる性格のものであれ、いかなる名称のものであれ、本法公布日以後廃止され、同様のものはけっして設けてはならない(1)。

改革のポイントはまず教区の再編統合である。第一条にあるように、従来一三五あった司教区は、革命後新しく導入された行政区分である県にあわせて八三に削減され、一八名いた大司教(大都市区司教)も一〇名にとどめられた。市町村(コミューン)レヴェルの教区も人口六〇〇〇人未満は単一区に統合し、それ以上はいくつかの小教区に区分されることになった。

従来から不満の多かった教区間の不均衡、不平等の是正がねらいだが、世俗の行政区分を基準にしている点が注目されよう。聖職者の位階制も単純化し、第二〇条にあるように、聖堂参事会員をはじめとする有名無実化した役職と聖職禄はすべて廃止されることとなった。かねてより無為徒食の高位聖職者への批判が高まっていたことをふまえての粛正策である。とくに、高位聖職禄はほとんど家産化しており、兼職の弊害には甚だしいものがあった。極端な例だが、ルイ十三世の宰相であったリシュリュー枢機卿などは、大小あわせて一九もの修道院長職を兼任し、それだけで三一万八三六〇リーヴルもの年収を得ていた(一六四二年)。ちなみに、彼の大臣職での年俸は四万リーヴルである。また、彼の先任者でアンリ四世の宰相シュリーにいたっては、プロテスタントであったにもかかわらず、七つの修道院長職を兼任し、四万五〇〇〇リーヴルを得ていたといわれる。

第二部　聖職者の任用

第一条　本法公布後、司教および司祭の任用は、選挙によってのみ行なわれる。

第三条　司教の選挙は、一七八九年十二月二十二日の法令で規定された県議会議員選出のための形式と選挙母体に則って行なわれる。

第七条　司教に選ばれるためには、少なくとも一五年間、その司教区において聖職者としての職務、すなわち主任司祭、外勤司祭、助任司祭、司教代理、神学校の教頭などの職務を果たしていなければならない。

第一九条　新司教は教皇にいっさい堅信礼をもとめてはならない。……

第二一条　選ばれた者は叙任式の前に、自治体役人、民衆、聖職者たちが立ち会うなかで、託された教区の信徒を注意深く見守ること、国民や法や国王に忠実であること、国民議会で起草され国王によって承認された憲法を誠実に遵守すること、などを宣誓するものとする。

第二五条　司祭の選挙は、地区の行政会議メンバー選出のために一七八九年十二月二十二日の法令で規定された形式で、またそこに記載された選挙人によって行なわれる(2)。

教区を再編すれば人が動く。当然のことながら従来の聖職者はいったん辞任しなければならず、彼らがそのまま新区画で再任されるか、それとも新人の聖職者が選出されるか、いずれにせよ新たな任用手続きが必要になってくる。

一、三、二五条にあるように、新しい聖職者の任用は住民の選挙によって行なわれるものとされた。立憲議会議員選挙と同じく能動市民(一定の租税を納めた有産市民)による制限選挙方式ではあったが、基本は俗人による選出である。叙任もローマ教皇にもとめてはならなかった。

なによりも問題なのは、叙任式にさいして公民宣誓が要求されたことである。のちにみるように、これは深刻な事態をもたらすことになる。要は、聖職者を国家公務員として位置づけることにあった。したがって、国家から給与を支給されるかわりに、いわゆる職務専念義務もきびしく規定された。

第三部　聖職者の報酬

第一条　宗教の代理人は社会の最も重要な機能を担うものである。また彼らは民衆の信頼を受けて招かれた任地に常住していなければならない。それゆえ彼らは国家によって扶養される。

第四部　居住法について

第二条　司教は、年に一五日以上司教区を離れることはできない。真に止むを得ざる場合は、司教座のある県当局の承認を得ることとする。

第三条　同様に、司祭と助祭も重大な理由のある場合を除いて、うえに規定したとおりの期間以上に持ち場を離れることはできない。理由のある場合でも、司祭は司教と地区当局の同意が、助祭には司祭の許可が、ともに必要とされる。(3)

任地への居住義務がこのようにきびしく定められた背景には、従来、司教クラスの高位聖職者がヴェルサイユやパリに居を構え、任地を司教代理や書記にゆだねて聖務をおろそかにする悪習があったからである。被選挙資格を第二部第七条のようにこと細かく規定しているのも、同様の事情からであろう。

反発する聖職者議員

このようにして、教会の管理は全体として各地方行政当局にゆだねられることになった。要するに、聖職者民事基本法とは、宗教的秩序を新しい市民的秩序にもとづいて再編しようという試みであり、いわばガリカニスムの論理的帰結でもあった。じじつ、この法の基本的条項はそのままナポレオンの政教協約《コンコルダート》(一八〇一年)に引き継がれている。

この法案が聖職者議員の反発を招かないはずはなかった。議会の議事録を見てみよう。

一七九〇年五月二十九日、登壇したエクスの大司教ボワジュランは、世俗国家は宗教界の問題に介入する権限をもたないと主張した。

……イエス・キリストは信者の安泰をはかるため、使徒とその後継者たちに使命を託されたのである。イエスはそれを役人にゆだねたのではなく、国王にゆだねたのでもない。問題にされているのは、役人や国王が従わねばならない物事の秩序なのだ。……本日、諸君らは聖職者の一部を廃棄し、彼らの管轄区分を分割しようと提案されたが、それらは使徒によって画定されたものであって、いかなる人間の権力も改変しうるものではないのである(場内騒然となる)。……ある地域の分割を行ないうるのはただ宗教会議によってのみである。……すなわち教会だけがそれを統治できるのであり、教会だけがそれらの関係性を決定できる。……諸君が権限を拡大しようとするのは、教会規律の問題にまで及んでいる。われわれは、神聖な教会法と教会の権限がこのように蹂躙《じゅうりん》されるのをみて、驚かざるをえない。……

もし諸君が教会の権威を頼みとしないのならば、諸君は王国の骨格をなしているこのカトリック的統一を軽んじることになるだろう。われわれはいかなる場合にも、宗教会議で規定された諸形態を放棄することはできない。……それゆえ、われわれは国王と国民議会に最大の敬意を表して、全国宗教会議の召集を許されるよう求めたい。この提案が採択されないならば、われわれは審議に応じられないと宣言する(4)。

これにたいして翌五月三十日、パリ選出代議士のトレヤールが登壇して応戦する。彼は、この改革の目的は宗教にたいする攻撃ではなく、アンシァン・レジームの悪弊に染まった聖職者組織の正常化にあり、選挙方式は古代教会の慣習への回帰であると主張した。

教会の栄光を生んだ、いにしえの秩序をどうすれば再建できるだろうか。民衆に託された選挙によってである。そうした選挙は陰謀をともなうという人がいる。だが、以前の選任がどれほど世俗的動機に左右されてきたことであろうか。……昨日、選挙にすれば非カトリック教徒が介入してくる、という意見があった。これについてはつぎのように答えよう。

第一に、現状でも多くの非カトリック教徒が聖職禄を授与されており、そのうちの幾人かは魂の救済にまで携わっている。第二に、すべての選挙人に、カトリック教徒であることを宣誓させればよいはずだ、と。……聖職者のなかでも最も有徳の人物であるフルーリは、……教会の管轄権を信者の説諭と秘蹟の授与に限定している。かかるものがフランス教会の教義である。……

教会の管轄権は信仰と教義にしかかかわらない、という原則の問題に立ち戻ろう。規律と管理にかかわるすべてのことがらは俗権のものである。(5)

2　公民宣誓と教会分裂

踏絵としての宣誓

こうして一七九〇年七月十二日、立憲議会は聖職者議員の反対を押しきってこれを採択した。問題をさらに紛糾させたのは、この法令が聖職者の公民宣誓すなわち憲法(民事基本法はその一部を成す)への忠誠宣言を義務づけていたことである。ローマ教皇庁が聖職者民事基本法を是認するはずはなかった。にもかかわらず、教皇の態度はまことに煮え切らなかった。

彼は、フランス領内にある教皇領(アヴィニョンとヴナスク伯領)の併合を恐れて、公的には翌九一年の三月まで同法への非難を差し控えたのである。このため基本法への宣誓は聖職者個々の判断にゆだねられ、彼らは対応に苦慮した。一七九一年一月末までに宣誓しない聖職者は解任されるという法令の布告(一七九〇年十一月二十六日)を契機に、議会をはじめ各所で対立抗争がもちあがった。

まず立憲議会では、聖職者議員に決断が迫られたが、宣誓に応じたのは三分の一ほどにすぎなかった。のちに言語調査でも有名になるアンリ・グレゴワール(当時アンベルメニルの司祭)を皮切りに、ロメニー(サンスの大司教)、タレイラン(オータンの司教)、ジャラント(オルレアンの司教)、サヴィーヌ(ヴィヴィエの司教)の四人がこれに続いたが、司教クラスの大物はほとんどが尻込みした。

左派議員や傍聴する民衆の野次「宣誓拒否する坊主どもは街頭に吊せ!」といった怒号の飛び交うなかで信念を貫くのはそれなりに勇気を要する行為であったろう。ちなみに、全国で一三五名の司教のうち宣誓に応じたのはわずか七名のみであり、しかも任地をもたない名目だけの司教が三名含まれていた。教区で直接民衆に接する司祭や助祭でもおよそ二万四〇〇〇名あまりの者が宣誓を拒否した。したがって、大部分の司教と約半数近くの教区付司祭が失格したため、九一年春までの日曜ごとに住民選挙が行なわれた。

こうして、宣誓を受容した聖職者(宣誓僧)を中心に「立憲教会」体制が新たに成立する。だが、宣誓拒否僧の多くは自己の正統性を主張して容易には任地を離れなかった。遅ればせながら教皇が基本法への断罪を明確にしたことにも励まされて、彼らは各地で立憲教会派ときびしく対峙するにいたった。

そもそも聖職者の公民宣誓や新任僧の選挙は、革命後に発足した県や郡といった地方行政当局の手で執り行なわれた象徴的儀式である。それは、全教区民が注視するなかで、「村の司祭」にアンシァン・レジームやローマ教皇との絶縁を迫り、革命への忠誠を強要する「踏絵」という性格をおびていた。もちろん、この儀式の受けとめ方も地方ごと

図 8　聖職者民事基本法への宣誓を強制される聖職者

図 9　「革命的圧搾機」にかけられてスリムになる聖職者のイメージ

に千差万別であって、革命の進行にたいする地域の温度差を如実に反映したものとなっている。宣誓式が「強要」ではなく、歓迎されたところもパリ近郊では見受けられる。コーラスや祝辞を交えた祝祭的な雰囲気のうちに宣誓が行なわれたのち、聖職者と村役人がいっしょに晩餐会を開いて教区民と友愛を確かめあった教区の例も報告されている。こうした場合は、少なくとも表面的には、聖職者の市民社会へのスムーズな統合を示すものということができよう。

縛り首か宣誓か!

だが他方では、まったく逆に、教区民のほうが拒絶反応を示した例も数多くあったのである。従来、教区共同体の要としてモラル・ヘゲモニーを掌握してきた司祭がこの踏絵に屈服する姿は、教区住民の少なからぬ動揺をきたした。地域によっては、宣誓拒否僧を支持し、儀式の執行にやってきた役人を脅したり、宣誓拒否を聖職者に強要するケースさえあった。西南部、中央高地、アルザスなどがそうである。

たとえば、ブルターニュのモルビアン県では、宣誓式が予定されていた日の前夜、数千人の農民が県都ヴァンヌに押しかけて宣誓阻止を叫んだ。地区の役人は「殴り殺される」恐怖におののいたと報告している。また、オーヴェルニュのル・ピュイ周辺でも、自治体役人が押し寄せる群衆に生命の危険を感じて国民衛兵に助けをもとめたが、彼ら

図 10　「国民と，国王と，法に」忠誠を誓う地区の国民衛兵

からも見離されている。

これらの地域では、宣誓した聖職者は無資格僧(intrus)と見なされて、「けだもの、ユダ、裏切り者」などと罵倒《ばとう》された。アルザスでは、女性や子供さえ石を投げたり、刃物で襲ったり、ミサや教理問答クラスをボイコットしたりした。脅迫で宣誓の撤回を余儀なくされた者もいたし、ヴァンデなどではじっさいに銃撃された助任司祭が教区を去った例さえあるという[6]。つぎの事例は、教区民のこうした反発が生半可なものではなく、これらの自治体は宣誓僧(立憲教会)をまともに保護できなかったことを示している。

西南アンジュー地方、モージュの中心都市ショレの立憲派僧は、宣誓騒動のほぼ一年後にあたる一七九二年の正月、祭壇で夕べの祈りを捧げたのち、上階の自室に戻る途中で窓に姿が映ったとき、外の広場から「トリュ！　トリュ！（もぐり！　もぐり！）」（trut は無資格僧〈intrus〉の俗称）という群衆の罵声《ばせい》を耳にした。

彼が地下に降りてゆこうとすると、サロンの十字窓に二発の銃弾が打ち込まれ、窓ガラスが三枚割られた。この僧の訴えで地区当局は国民衛兵を派遣した。裁判所は数日後に事情聴取を行なったが、容疑者は発砲した事実は認めたものの雁をねらったのだと主張する。けっきょく法廷は提訴を却下、司祭には、不必要な軍隊の派遣に要した費用を弁済するよう命じた(7)。

これにたいして、宣誓拒否僧は聖人扱いでもてはやされた。拒否僧自身も「立憲派僧の行なう秘蹟は無効であるばかりか悪魔の業であり、彼らのミサに出席したり告解したりすることは地獄行きを意味する」と教区民を扇動してまわった。教区民のほうも女性を中心に拒否僧をサポートするネットワークを組織するなど支援体制を整えた。これらの行動は結果的に革命に敵対し、王党派に与《くみ》するものとならざるをえなかった。こうして、基本法への宣誓の強制は、ヴァンデの乱をはじめとする反革命に大きな部隊を提供するきっかけとなったのである。

一方、パリを中心とした、革命派が盛んで比較的脱キリスト教化が進んだ地域では、宣誓を渋る聖職者にたいして民衆が組織的圧力をかけ、決断を強制したところも少なくない。たとえばパリのサン＝シュルピス教会では、宣誓式が予定されていた一月九日の日曜日、圧倒的な群衆がつめかけ、告解室のうえによじのぼる者がでるほどあふれかえった。この熱気のなか司祭ド・パンスモンは、いつもの長口舌を披露したあとで、良心にしたがって宣誓はできない旨を言明した。群衆はたちどころに抗議の声をあげ、どっと説教壇に押し寄せた。「宣誓か、それとも縛り首か！」という怒号のなか、司祭は教会職員と国民衛兵のおかげで辛うじて難を逃れた(8)。

モーゼル県やエーヌ県などでも、子供を含めた群衆から野次られたり投石されたりして、宣誓に留保をつけることさえできなかったといわれている。たとえば、エーヌ県サン＝カンタン近くの教区では、この地方の国民衛兵が、鎌や槍、マスケット銃などを持って集結し、宣誓拒否した司祭を「異端」と宣告して公式に追放した。県都ラン近くにいた三人の拒否僧は二〇〇〜三〇〇人の男女群衆に取り押さえられた。彼らは泥や石つぶてを浴び、庭に引きずり込まれて殴打された。うち一名は腕を撃たれたという。

宣誓拒否僧の後任がすぐに決まらぬあいだは、その僧が司牧活動を続けるのを容認されるのが通常であり、穏健な教区では逆に聖務のサボタージュをちらつかせることが拒否僧の常套手段でもあった。しかし、教区民が過激なところではそうはいかない。マルヌ県のソンム＝ヴェルル＝エ＝ポワでは拒否僧の後任が見つからなかったが、教区民は逆に教会を閉鎖しこの司祭の出入りを禁じている。彼は公衆の面前で女性に平手打ちされ、

肖像画を焼かれたあげく石切り場に突き落とすぞと脅かされた。(9)

公民宣誓の政治地理学

このように、まったく相反する教区の反応は、図11にみられるような「ふたつのフランス」を顕在化させた。公民宣誓をめぐるこの構図は、その後の革命の進行につれていっそう鮮明になり、以後二〇〇年、今日にまでおよぶフランスの政治地勢図を基本的に規定することになる。このきわめて特徴的な政治地理的分布はなにによってもたらされたのか。研究者たちはそれをどう解釈しているだろうか。この地図の作成に最も精力的に取り組んだアメリカの史家ティモシー・タケットの見方を中心に整理しておこう。

まず、伝統的な見方として、都市—農村関係から説明する解釈がある。簡単にいってしまえば、宣誓拒否は農村部に多く、都市化によって伝統的な社会構造が脅かされる農村エリートの反発を表現しているのだとみる立場である。チャールズ・ティリー、ポール・ボワといった西部やヴァンデ地方を研究対象とする歴史家はこの解釈に近い。たしかにこれらの地域では拒否僧が多く、宣誓の強制が反革命的結集を加速したのは事実であろう。また一見したところ納得しやすい解釈でもある。

だが、タケットは王国全体をつぶさに見てみると、農村部と宣誓拒否地帯は必ずしも一致していないという。たとえば、中央高地を別にすると、リムーザン、オードフィネ、

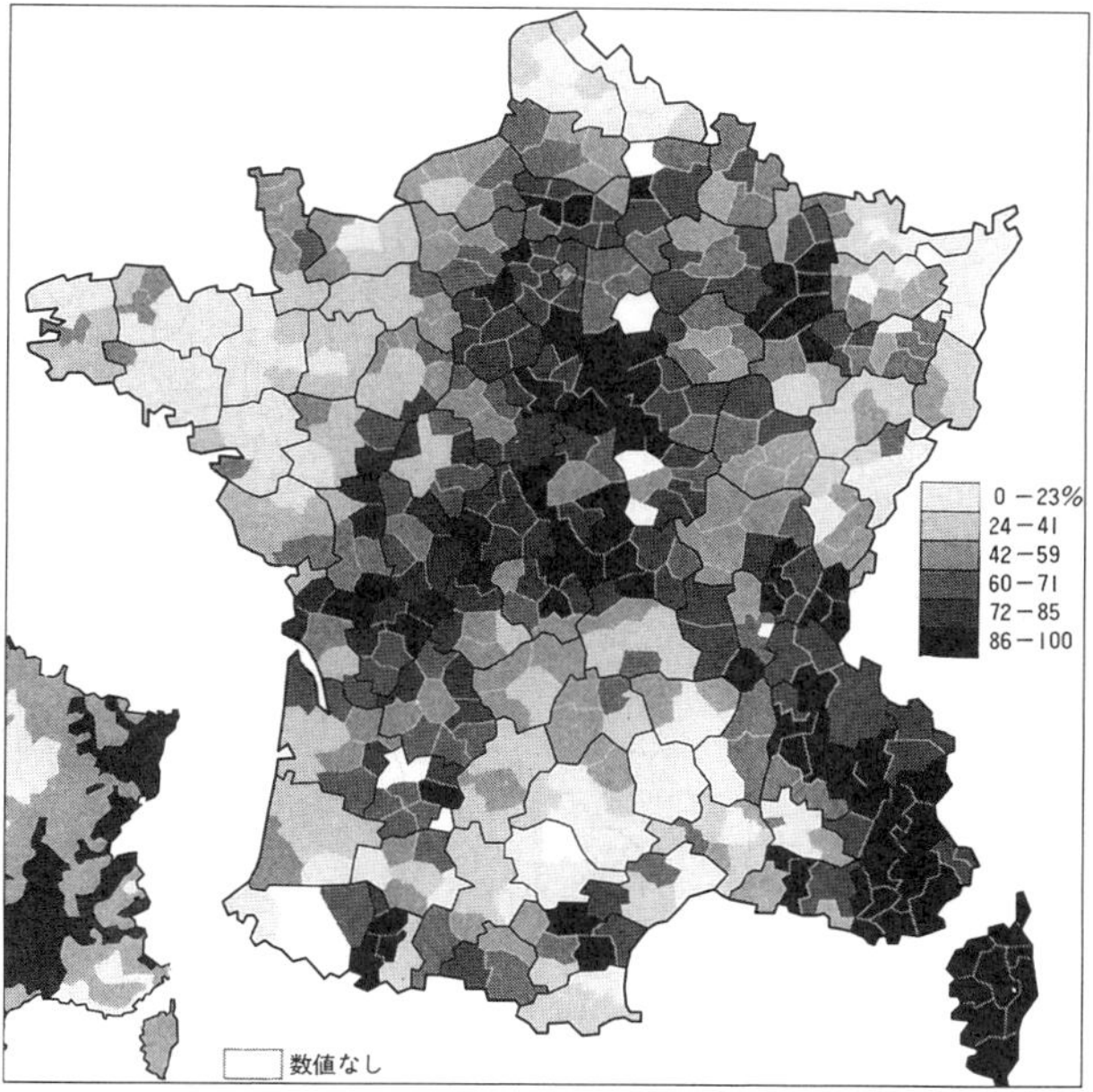

図 11　1791 年の宣誓僧の全国分布

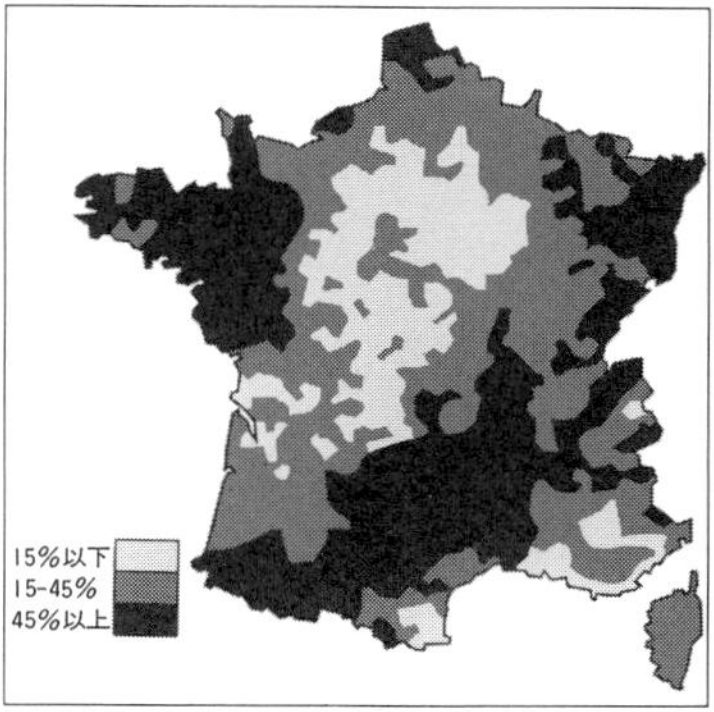

図 12　20 世紀(1955-65 年)の宗教的実践(復活祭の聖体拝領)

オート-プロヴァンスといった同じく山がちの農村部ではむしろ相対的に宣誓受容しているし、ソローニュ、ニヴェルネ、ベリーといった平地の農村地帯でもかなり高い受容率を記録している。またかりに「都市的性格」を商業的ネットワーク(通商路、郵便路など)が整備されている地方と読み替えてみても、拒否的なブルターニュやアルトワのほうが、受容的なベリー、ソローニュより発達している。

それに、フランドル、エノー、ロレーヌ、アルザスなどの地方は、十八世紀フランスで最も高度に都市化されており、道路ネットワークもきわめて濃密な地域であったといわれている。にもかかわらず拒否率は圧倒的に高くなっている。都市人口密度と受容率との相関関係もここでは認められない。このように考えると、都市―農村の対抗関係から説明するにはかなり無理があるといわざるをえない。

もうひとつの有力な解釈は、フランス王国への政治的・文化的統合の度合いとの相関関係に着目する。たとえば、ノルマンディ、ブルターニュ、ポワトゥー、サントンジュ、ケルシー、ラングドックといった拒否的な地域は、十六〜十七世紀においてしばしば大規模な農民反乱を起こしているように、王権にたいする忠誠心が伝統的に低い地域である。また、ブルターニュ、ルシヨン、フランシュ-コンテ、アルトワ、ロレーヌ、アルザスなどは併合されたのが比較的新しく、王権による政治統合がじゅうぶん行き届いていない地域でもある。

これらの多くはガリカン教会にたいしても相対的に自立性を保ち、むしろ近隣のドイツ、スペイン、オーストリアの教会との連携を密にしているところさえある。さらに、これらの地方はいわゆる少数言語地帯である。民衆レヴェルではほとんどフランス語でコミュニケーションをとることができない。つまり、王国への文化統合を著しく欠いた地域が、文化の中央集権化に反発して宣誓拒否を支持したという説である。

「文化的辺境」と宣誓拒否率の高さとの相関関係をみるこの立場はある程度説得力がある。ただし、これにも適合しない地域は指摘できる。タケットは、アンジュー、ポワトゥー、メーヌの名をあげ、これらは拒否地帯だが住民のほとんどがフランス語を話しており、政治システム的にも何世紀もまえから統合されていると指摘する。また、西部を克明に分析したボワによれば、ブルトン語を話すバス゠ブルターニュでは、フランス語方言を話すオート゠ブルターニュより拒否的ではなかったという。これらの地方では他の要因が作用していると考えざるをえない。

これにたいして、タケットが重視するもうひとつの指標に、教権主義の浸透度の地域差がある。つまり十六世紀後半以降カトリック改革として推進されたトリエント・モデルの聖職者像が地域に定着しているところほど拒否率が高いという相関関係である。トリエント公会議はプロテスタントの批判に対抗して土俗的な「迷信」を排除し、教区における聖俗の明確な分離を推進した。小教区にも神学校教育を受けた聖職者を配し、剃髪と聖服の日常的着用を義務づけて教区民との差異を明確にした。またできるだけ複数の聖職者を配することによってミニ位階制を可視化し、教区民の畏敬の対象となるよう努めさせた。

聖職者民事基本法の精神が聖職者と教区民との同質化つまり市民化にあるとすれば、この教区における教権主義がめざす「異質化」という方向性とはまさに正反対である。異質化が定着して機能している地域では、同質化への反発は避けがたく拒否率が高くなるというわけである。

タケットはこの浸透度をはかる指標として、教区聖職者の複数性(主任司祭にたいする助任司祭の割合の高さ)に着目して図13を作成した。これを図11と重ね合わせれば、南東部をのぞいて拒否率の高い地域とほぼ一致することがみてとれる、と主張する。これにたいして司祭が一人しかいない教区では、聖職者が教区民に依存的で同質化する傾向があり、民事基本法にあまり違和感を感じない市民社会的なソシアビリテ(社会的結合関係)が形成されていたと考えられる。

これはたしかに面白い視点ではあるが、彼もいうように南東部の齟齬《そご》には別の説明が必要であろう。たとえば、ラングドック、ルシヨン、ミディといった地域では、おそらくプロテスタントへの対抗関係という要素がたいへん重要となってくる。またルター派の多いアルザスやロレーヌも同様であろう。もとより、どれかひとつの要因でもってす

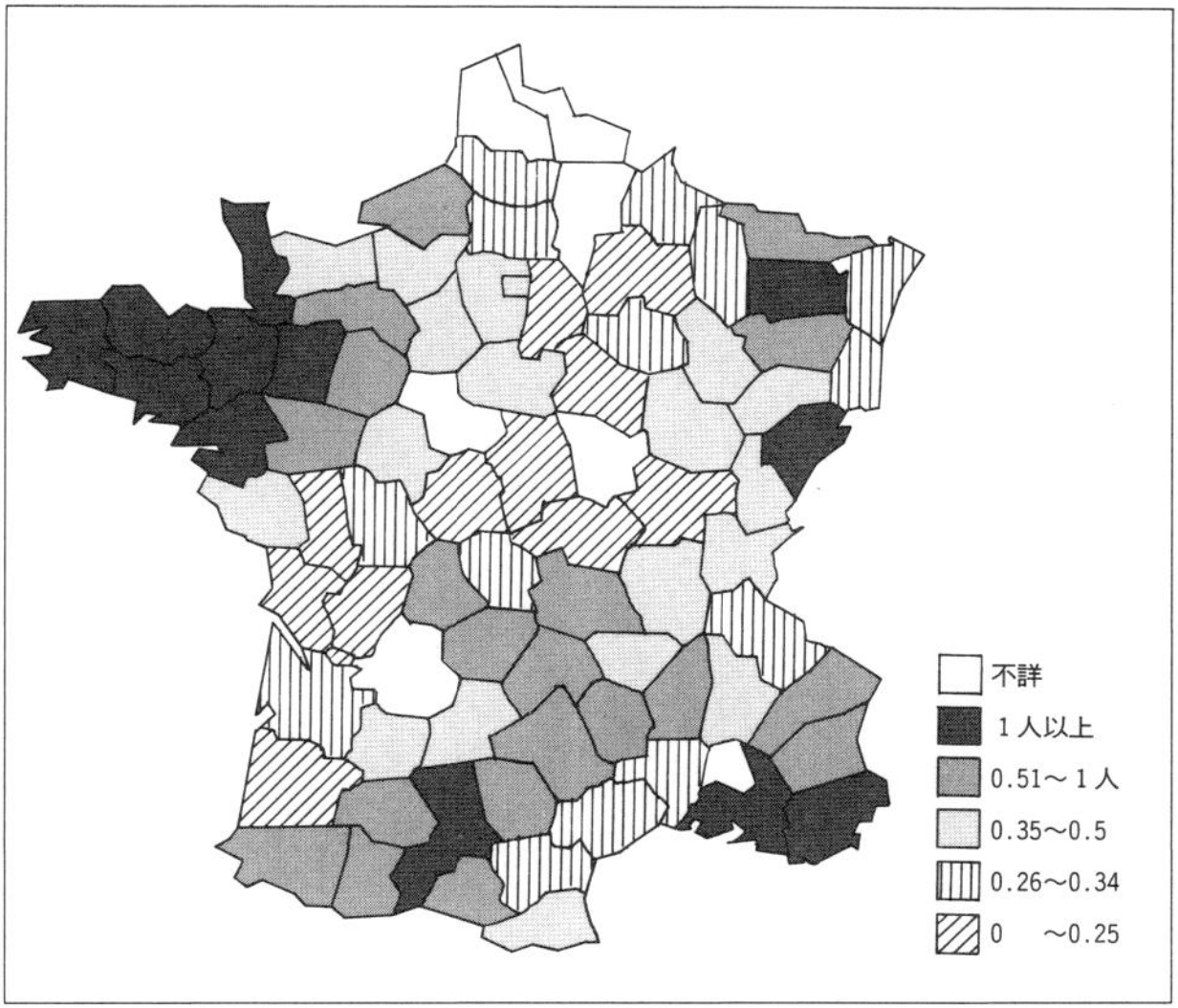

図 13　主任司祭にたいする助任司祭の数(1791 年宣誓時の県別平均値)

べての地域の反応を裁断してしまうことなどできるわけもない。じっさいはこれら複数の要素が複雑に絡まりあって聖職者の態度を決定したのであろう。

いずれにせよ、宣誓の受容と拒否は、聖職者個々の信念もさることながら、むしろそれまで聖職者と教区民とが取り結んでいた社会的結合関係によってかなりの程度まで規定されたといえる。いいかえれば、公民宣誓という「踏絵」によって地域ごとの宗教的心性の在りようが問われたのである。ここにはまた、長期構造の心性史と短期の事件史との典型的な出会いが見出されよう。

「村の政治」と立憲教会

一七九〇年の春にフランスの多くの村は一種の自治体革命を経験しているが、聖職者民事基本法と公民宣誓はこの流れをいちだんと加速した。十分の一税の廃止と教会財産国有化によって、地方聖職者はすでに経済的自立の基盤を奪われていた。公民宣誓はこれに追い打ちをかけるかのように、司祭たちの精神的権威を失墜させ、彼らの農村社会における「名士性」を貶《おと》しめたのである。しかも事態の展開は、自発的にせよ強制的にせよ教区民が司祭と一体化するかたちで宣誓の是非を選択する、といった単純な反応にとどまらなかった。それは両者の屈折した対抗関係をも浮き彫りにする結果となった。

村役人ら世俗エリート層が、司祭の行使していた政治的・道徳的ヘゲモニーにたいする積年の不満を爆発させたところも少なくなかった。公民宣誓は、ガリカン教会体制下では潜在していた対立の構図を一挙に表面化させる契機となった。宣誓にさきだち、自治体役人が何カ条もの要求や非難を突きつけ、司祭がこれらを認めて自己批判しなければ宣誓の有効性を承認しない(罷免を意味する)と迫ったり、村長が目障りな司祭をやめさせたいばかりに、完全な宣誓書をひそかに条件付き宣誓書に改竄《かいざん》したりしたケースさえあったという(10)。

さらに、宣誓による威信低下とならんで、新しい司祭が議員選挙と同じ方式で選ばれたことの意味はいっそう重大であった。彼らは「聖性」を失った純然たる公務員にすぎず、もはや伝統的な意味での信者の畏敬の対象とはなりえなかった。しかも、先にみたように宣誓拒否僧をかかえる地方では、彼らが容易に任地を去らず正統性を主張して地下活動を展開したため、二つの教会が並びたつかたちとなった。こうして九一年四月、ようやく成立した立憲教会体制ではあったが、「村の政治」における司祭のヘゲモニー基盤は、従来とはうって変わってまことに危ういものになったことが理解されよう。

さらに、その後の革命の進行は、立憲派司祭に残された公務員としての機能さえもつぎつぎと剝奪していった。国王のヴァレンヌ逃亡(九一年六月)、対外革命戦争の開始(九二年四月)、王権停止(九二年八月十日)と続く政治過程の深刻化に比例して、聖職者への視線はいちだんときびしくなっていった。なかでも九二年九月の共和政移行前夜に施行された戸籍の世俗化と離婚にかんする法令は、立憲教会の存立基盤を根底から揺り動かすものであった。教区簿冊という名の戸籍簿の管理によって、辛うじて「村の政治」のヘゲモニーを保っていた立憲派僧たちは、もはや公務員としての本質的機能をも奪われてしまったのである。

同日のヴァルミーの勝利の陰に隠れて見逃されがちなこの法の施行こそ、社団国家の解体と社会システムの世俗化を告知する重大事件であった。これ以後、結婚や家族の正統性を規定するものは民事契約(世俗国家)だけとなり、人びとは公的には、教会のふところのなかで生まれ、娶《めと》り、死ぬことをもはや止めるにいたった。また離婚法の制定は、カトリックで禁じられていた離婚や再婚を可能にしただけでなく、聖職者の結婚さえ合法化した。教会法は完全に蹂躙《じゅうりん》されたのである。

3　テルールと聖職者の解体

聖職放棄かギロチンか!

他方、宣誓拒否僧のほうはすでに、内外の反革命に通じる存在として訴追され、国外追放、流刑の対象になっていた。立憲議会は一七九二年八月二十六日、拒否僧が二週間以内に国外退去しない場合、ギアナに流刑されることを布告する。これによって約三万二〇〇〇人の僧が国外に去ったといわれている。また、対外革命戦争が窮地に陥った同年九月、国内反革命狩りを叫ぶ声がパリ民衆のあいだでわきおこり、修道院や教会施設に収監されている拒否僧たちが一般の囚人たちと見境なく血祭りに上げられた。「九月虐殺」とよばれるテロである。

八月末にプロイセン軍によってヴェルダンが攻略され、近々パリが攻囲されるという恐怖感がマス・ヒステリーを呼び起こしたのである。九月二日の午後、アベイの監獄を

図 14　九月虐殺

皮切りに、カルム、コンシエルジュリ、シャトレなどで、群衆に引きずり出された聖職者や囚人が即決裁判で処刑された。カルムではわずか二時間で一一五人、シャトレでは五時間で二二〇人前後がつぎつぎに殺されたという。六日後にようやく終息したこのテロの犠牲者はおよそ一三〇〇人。「人民の友」マラーに扇動され、法相ダントンが黙認したこの事件は、フランス革命が後世から指弾される汚点のひとつに数えられている。

一方、革命に忠誠を誓ったはずの立憲派僧にたいしても、国王の処刑(九三年一月)、ヴァンデの乱(九三年三月)と続く緊迫した情勢のもとにおいては容赦はなかった。共和政に移行し、国家機構の世俗化に拍車がかけられた以上、聖職者はもはや無用の長物となった。いやむしろ、「迷信」によって人びとの市民としての自覚を妨げる障害物、反革命的存在とさえ見なされるようになった。九三年秋から九四年春にかけて、つまり共和暦二年に激しく展開された「非キリスト教化運動」では、制度としての教会だけでなく、聖職者の存在そのものへの攻撃にまでおよんだ。すなわち「聖職放棄」の強要である。

ブリュメール十六日(九三年十一月六日)の深夜、国民公会に派遣されたクローツとペレイラは、すでに床についていたパリ大司教ゴベルをたたき起こし、議場で聖職放棄を宣言するよう迫った。寝込みを襲われたゴベルは不服を申し立てたが、「もはや議論している場合ではない。公共の大義のために一身を犠牲にすべき時だ」と一蹴された。辛うじて司教座評議会にはかることを許されたが、「聖職放棄かギロチンか」の二者択一を迫られた彼らが生き延びる道はひとつしかなかった。翌朝の評議会は一七対一四で司教と司教補佐たちの聖職離脱を受け容れる決定を下した。

同日十一月七日、ゴベルは、ショーメットらパリ・コミューンの活動家たちがお膳立てした国民公会の議場に、一三人の司教補佐とともに赴いた。サン－キュロットの赤帽をかぶらされて登壇した大司教は、自らの叙任状と十字架、司教用の杖、指輪、僧帽を演壇に置き、震える声で宣言する。

庶民として生まれた私は、つねに自由と平等を愛し、人民主権を尊重してきました。人民の意志が私にとって第一の法であり、彼らの意志に従うことは私の義務でありました。この人民の意志が私をパリの司教座に押し上げたのです。……しかし、革命が成り、自由が闊歩《かっぽ》する今日、自由と平等への信仰以外に国民の宗教はもはや不要であります。それゆえ、私はカトリックの司牧職を放棄することにいたします。私の補佐たちも同様であります。私たちは叙任状をあなたがたに供出いたします。この例にしたがって、自由と平等の支配が確固たるものになるよう願うものであります。共和国万歳(11)！

ゴベルは議長ラロワから祝福の抱擁を受け、満場の拍手喝采《かっさい》を浴びた。熱狂と興奮が支配する議場で、聖職者議員たちがつぎつぎとこれに倣った。なかには、ゴベルのような苦渋の色をつゆもみせず、きわめて迎合的に聖職放棄を宣言した者も少なくなかった。たとえば、オートーヴィエンヌの司教ゲーヴェルノンはこんなふうにいう。

市民諸君。……私が司教職を受諾したのは、啓蒙的知性の進歩に貢献し、理性の王国と自由の支配の実現を促進するためでありました。シェールの司教トルネが聖装の廃止を提案したとき、私は真っ先に佩用十字架を立憲議会当局に供出いたしました。いまや、私は良心の赴くままに自由であります。……私の理性と哲学と自由の声にしたがって、心からの喜びと共和主義的心情でもって国民に宣言します。私は市民以外の何者でもありません。聖職を放棄いたします(12)。

ウールの妻帯司教トマ・ランデ、ムールトの司教ラランドなども、ゲーヴェルノンに劣らず、否、それ以上の率直さでもって自発的な還俗を表明している。公会の議場で勇気ある信仰告白を行なったのはロワール＝エ＝シェールの司教アンリ・グレゴワールただひとりであった。ちなみに公務員としての俸給を失った彼らには、補償金が支給されることになった。

聖職放棄の波は、いくらかの地方ではすでに先行していたが、この日の国民公会でのセレモニーを境に急速に全国的な拡がりをみせてゆく(図15参照)。このキャンペーンを推進したのは、地方の反革命を掃討するために国民公会から全権を委任されていた「派遣議員」と各地の革命軍(九三年に強化された民兵組織。自治体の管轄下にあって諸県でのテル＝ルの推進に貢献した)であったが、それらに市町村役人や地方の民衆協会の活動家たちが呼応した。地方活動家のイニシアティヴが強かったのは民事基本法への宣誓率の高い地域であり、拒否率の高い地方では派遣議員の指導が前面に出ていた。

たとえば、サヴォワの派遣議員アルビットは鐘楼破壊で勇名を馳せたが、聖職放棄についても精力的に活動している。彼はつぎのような宣誓文を準備して各地の聖職者に還俗を迫った(図16参照)。

〇〇年以来、〇〇の資格で僧職にあった私は、かくも長きにわたって説いてきた誤りをはっきりと認め、〇〇市町村当局の立ち会いのもとに聖職を永久に放棄することを宣言し、ここに署名いたします。その証として〇〇市町村議会当局にすべて

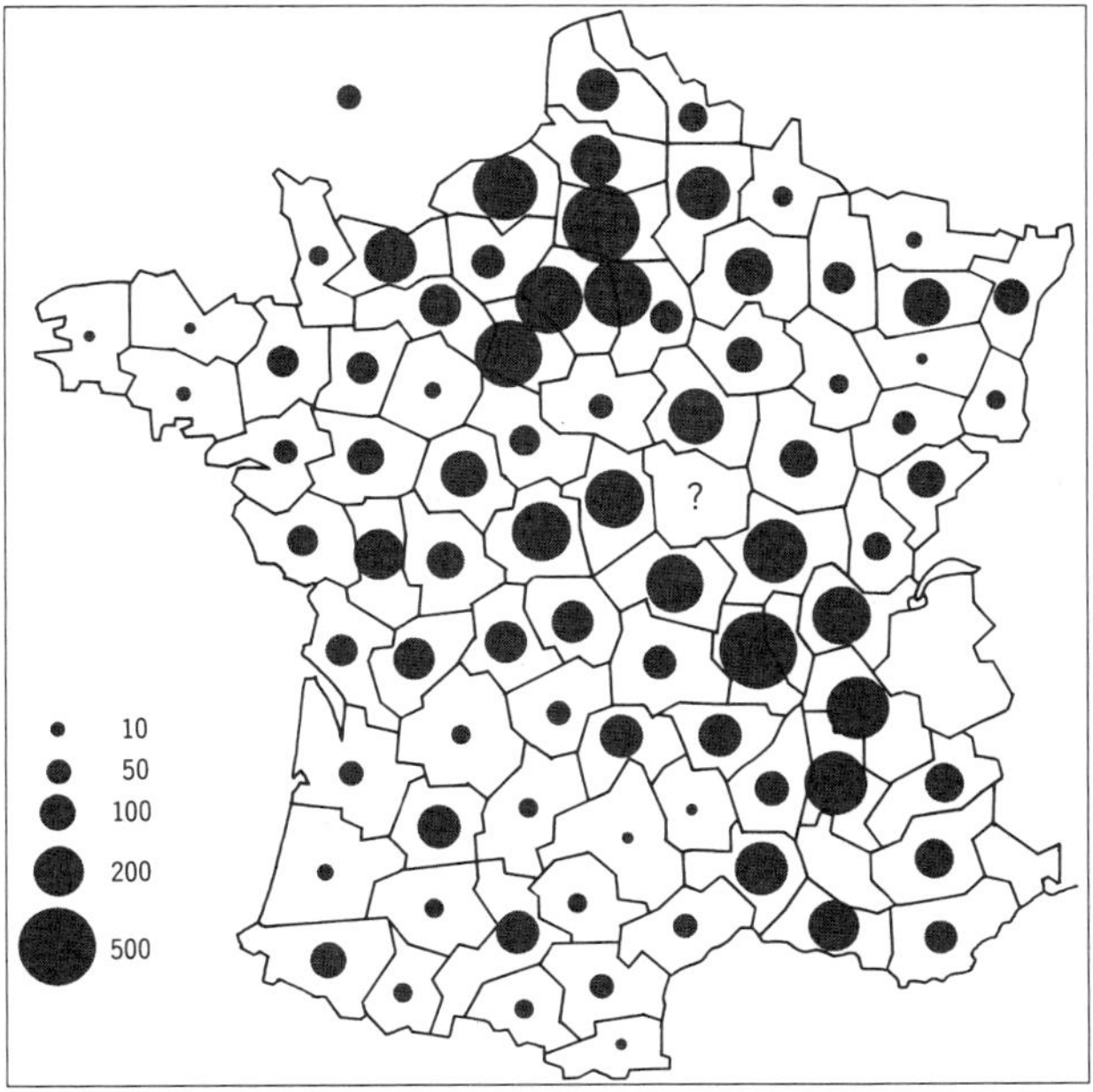

図 15　聖職放棄の全国分布(実数)

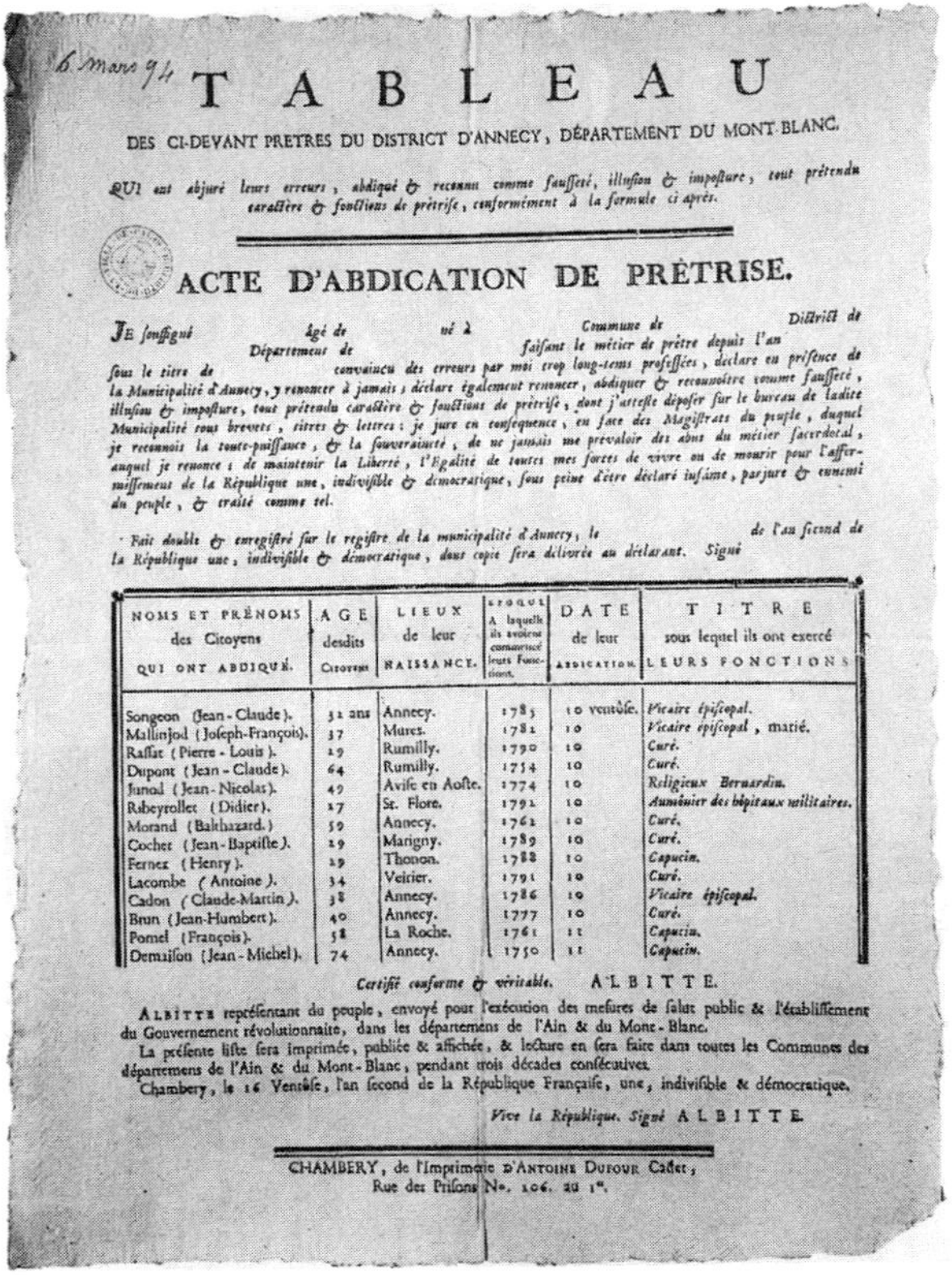

6 Mars 94

TABLEAU

DES CI-DEVANT PRETRES DU DISTRICT D'ANNECY, DÉPARTEMENT DU MONT-BLANC,

QUI ont abjuré leurs erreurs, abdiqué & reconnu comme fausseté, illusion & imposture, tout prétendu caractère & fonctions de prêtrise, conformément à la formule ci après.

ACTE D'ABDICATION DE PRÊTRISE.

JE soussigné âgé de né à Commune de District de Département de faisant le métier de prêtre depuis l'an sous le titre de convaincu des erreurs par moi trop long-tems professées, déclare en présence de la Municipalité d'Annecy, y renoncer à jamais; déclare également renoncer, abdiquer & reconnoître comme fausseté, illusion & imposture, tout prétendu caractère & fonctions de prêtrise, dont j'atteste déposer sur le bureau de ladite Municipalité tous brevets, titres & lettres: je jure en conséquence, en face des Magistrats du peuple, duquel je reconnois la toute-puissance, & la souveraineté, de ne jamais me prévaloir des abus du métier sacerdotal, auquel je renonce; de maintenir la Liberté, l'Egalité de toutes mes forces de vivre ou de mourir pour l'affermissement de la République une, indivisible & démocratique, sous peine d'être déclaré infâme, parjure & ennemi du peuple, & traité comme tel.

Fait double & enregistré sur le registre de la municipalité d'Annecy, le de l'an second de la République une, indivisible & démocratique, dont copie sera délivrée au déclarant. Signé

NOMS ET PRÊNOMS des Citoyens QUI ONT ABDIQUÉ.	AGE desdits Citoyens	LIEUX de leur NAISSANCE.	EPOQUE A laquelle ils avoient commencé leurs Fonctions.	DATE de leur ABDICATION.	TITRE sous lequel ils ont exercé LEURS FONCTIONS
Songeon (Jean-Claude).	32 ans	Annecy.	1785	10 ventôse.	*Vicaire épiscopal.*
Mallinjod (Joseph-François).	37	Mures.	1782	10	*Vicaire épiscopal*, marié.
Rassat (Pierre-Louis).	29	Rumilly.	1790	10	*Curé.*
Dupont (Jean-Claude).	64	Rumilly.	1754	10	*Curé.*
Junod (Jean-Nicolas).	49	Avise en Aoste.	1774	10	*Religieux Bernardin.*
Ribeyrollet (Didier).	27	St. Flore.	1792	10	*Aumônier des hôpitaux militaires.*
Morand (Balthazard.)	59	Annecy.	1762	10	*Curé.*
Cochet (Jean-Baptiste).	29	Marigny.	1789	10	*Curé.*
Fernex (Henry).	29	Thonon.	1788	10	*Capucin.*
Lacombe (Antoine).	34	Veirier.	1791	10	*Curé.*
Cadon (Claude-Martin).	38	Annecy.	1786	10	*Vicaire épiscopal.*
Brun (Jean-Humbert).	40	Annecy.	1777	10	*Curé.*
Pomel (François).	58	La Roche.	1761	11	*Capucin.*
Demaison (Jean-Michel).	74	Annecy.	1750	11	*Capucin.*

Certifié conforme & véritable. ALBITTE.

ALBITTE représentant du peuple, envoyé pour l'exécution des mesures de salut public & l'établissement du Gouvernement révolutionnaire, dans les départemens de l'Ain & du Mont-Blanc.

La présente liste sera imprimée, publiée & affichée, & lecture en sera faite dans toutes les Communes des départemens de l'Ain & du Mont-Blanc, pendant trois décades consécutives.

Chambery, le 16 Ventôse, l'an second de la République Française, une, indivisible & démocratique.

Vive la République. Signé ALBITTE.

CHAMBERY, de l'Imprimerie D'ANTOINE DUFOUR Cadet, Rue des Prisons N°. 106. au 1er.

図 16 国民公会への聖職放棄にかんする報告状(モンブラン県，アヌシー地区) 表内には左から姓名，年齢，出生地，叙任年，放棄の日付，職階が記されている．署名者は派遣議員アルビット．

の証書、認可状、叙任状を提出いたします。したがって私は、全能にして賢明なる民衆の法官の前で、放棄した司祭職の悪弊に二度と手を染めないこと、全力をあげて自由と平等を維持し、一体不可分にして民主的な共和国の確立のために生き、かつ死ぬことを誓います。

解体する教会と背教者の群れ

公民宣誓を切り抜けた立憲教会も、このようにして解体されていったのである。そのことは、聖職放棄を数量的に分析したヴォヴェルの全国分布（図15）によっても確認される。宣誓率の高いところ、すなわち立憲教会が強い地域ほど聖職放棄率が高かったという数字が残されている。彼の集計によれば、聖職放棄には立憲派僧（すなわち教区僧二万六五四二人）の約半数強にあたる一万三〇〇〇～一万五〇〇〇人が応じている。非教区僧を加えた聖職者全体では一万六〇〇〇～二万人。自発的放棄者は約一〇％と推計されている。結果的には半数近くが免れたことになろうか。

いずれにせよ、教区聖職者は革命前の四分の一に落ち込み、立憲教会体制は骨抜きにされたことがわかる。各地の聖堂は閉鎖され、他の用途に転用された。わずかに、地下にもぐった聖職者たちによる非合法ミサが、熱心な信者たちに支えられていたにすぎない。

じつは、聖職放棄にはしばしば妻帯の強制がともなった。聖職者の独身制はカトリック的偏見の産物であり、聖職者と市民とのあいだを隔てる神秘的障壁と見なされた。つまり、聖職者たちは結婚によって市民的習俗への同化を証しせねばならなかったのである。このとき、およそ六〇〇〇人の聖職者がカトリックの教会法では許されない所業に手を染めたという。なかにはこの運動に迎合し、強要される以前に還俗妻帯した者もいた。だが多くは、苦悩の末に決断を余儀なくされたし、偽装結婚などで苦況を切り抜けた者も少なくなかった。

聖職放棄といい、聖職者の妻帯といい、信者の面前で「背教」と「瀆神」のセレモニーを演じさせられる姿は、公民宣誓以上に、消し去りがたい不信を民衆の集合的記憶に刻みこんだことであろう。聖職者の死と市民としての再生はこのようにして行なわれたのであった。

ところで、このとき聖職を放棄し妻帯した者たちは、その後どのような人生を歩んだのであろうか。彼らは革命終息後、ふたたび教会に復帰したのだろうか。ローマ教会ははたして、これら「背教者の群れ」の復帰を認めたのであろうか。じつは、この問題に格好の手がかりを与えてくれる史料が存在する。パリの国立古文書館に収蔵されているカプララ文書とよばれる史料である。主として妻帯僧についてのデータをかなり克明に物語ってくれるので、ここでこの文書を簡単に紹介しておこう。なかば革命の後日譚に足を踏み入れることになるので、時系列がのちの叙述と前後してしまうが、しばしお許し願いたい。

出典

（1）「聖職者民事基本法」（谷川稔訳、河野健二編『資料フランス革命』岩波書店、一九八九年）、一部字句修正。以下、訳文については、すべて若干の修正をほどこしている。
（2）同書
（3）同書
（4）同書
（5）同書
（6）Tackett, T., *Religion, Revolution, and Regional Culture in Eighteenth-century France*, Princeton, 1986, pp. 165–168.
（7）Tilly, Ch., Civil Constitution and Counter-Revolution in Southern Anjou, *French Historical Studies*, 1–2, 1959, pp. 191–192.
（8）Pisani, P., *L'église de Paris et la Révolution*, t. 1, Paris, 1908, pp. 197–198.
（9）Tackett, T., *op. cit.*, p. 171.
（10）Tackett, T., *op. cit.*, pp. 179–180.
（11）Gautherot, G., *Gobel, évêque métropolitain constitutionnel de Paris*, Paris, 1911, p. 326.
（12）Gobry, I., *La Révolution française et l'église*, Lyon, 1989, p. 239.

第二章　〈転向〉聖職者の陳情書

——カプララ文書の世界

1　カプラ文書の数奇な運命

教皇特使の赦免記録

革命の嵐が鎮静化した十九世紀初頭、第一執政ナポレオンがローマ教皇庁と和解し、いわゆるコンコルダートを締結したとき、この四分五裂の教会組織の再建がなによりも急がれねばならなかった。教皇庁は、政教協約にまつわる諸問題の解決のため、とりわけ革命期にやむなく「棄教」した者を信仰に復帰させるための教皇全権特使の派遣を決定した。聖職を公的に放棄したり、結婚したりした聖職者たちの陳情書を検討し、赦免の可否を決定する特使である。それはまた、拒否僧と立憲派僧との対立の宥和をはかる任務でもあった。

この重大な役割を任されたのはボローニャ出身の枢機卿カプララ(Jean-Baptiste Caprara 一七三三〜一八一〇)であり、彼がその在任期間中(一八〇一〜〇八年)に取り扱った膨大な書類は、現在フランス国立古文書館に収められている。俗に「カプララ文書」とよばれるこの史料は、革命に翻弄された聖職者たちの「その後」を垣間見せてくれる、まことに貴重な文献である。

およそ七〇年ほどまえに、はじめてこの文書の一部を紹介した革命史家アルベール・マチエも、「こんなに興味深く、しかも驚くほど人間味のある史料にお目にかかったことはめったにない」と記している。にもかかわらず、マチエ以降、この稀有な手稿史料に真正面から取り組んだ研究は、管見のかぎりではほとんど見当たらない。ほぼ五〇年後に、ジャニーヌ・シャロン-ボルダスによって詳細な文献目録が編まれたほかは、ミシェル・ヴォヴェルの大著の一部をかざっているのが目立つ程度である。革命史研究の蓄積をもってなるわが国においても、柳原邦光がヴォヴェルの研究を紹介するかたちでふれるにとどまっている(Jeannine Charon-Bordas, *Inventaire des archives de la légation en France du cardinal Caprara (1801–1808)*, Paris, 1975. id., *La légation en France du cardinal Caprara 1801–1808: Répertoire des demandes de réconciliation avec l'Eglise*, Paris, 1978. Michel Vovelle, *Religion et Révolution*, Paris, 1976. id., *La Révolution contre l'Église: De la Raison à l'Être suprême*, Bruxelles, 1988.〈谷川稔他訳『フランス革命と教会』人文書院、一九九二年〉論文としては、Claude Langlois et T. J. A. Le Goff, Les vaincus de la Révolution: Jalons pour une sociologie des prêtres mariés, dans *Voies nouvelles pour l'histoire de la Révolution française*, Actes du colloque Mathiez-Lefebvre de 1974, Paris, 1978. が目を引く。ただし、分析手法は、ヴォヴェルと重なっている。柳原邦光「革命暦第二年の非キリスト教化運動とカトリック聖職者」『史学研究』一八〇号、一九八八年)。

私も、ヴォヴェルの翻訳に携わる過程で、はじめてこの文書の存在を知るにいたったにすぎない。ただ幸いにも数年前、国立古文書館で直接カプララ文書を閲覧する機会に恵まれた。もとよりこの膨大な史料を通読し、つぶさに分析することなど一朝一夕にできる業ではない。さしあたりここでは、シャロン－ボルダスに依拠してカプララ文書成立の背景とその概要を紹介し、この文書をめぐる問題群を整理しておこうと思う。

カプララ枢機卿と文書のゆくえ

この文書は、カトリックにとってきわめてスキャンダラスな内容をもっている。いわば、聖職者の「集団的懺悔《ざんげ》録」ともいうべき性格をおびており、ヴァチカンは当然自らの文書館に収蔵する秘密文書としたかったはずである。教皇特使文書という性格からしてもこの欲求は自然であった。だが、それはフランス国内にとどまり、国立古文書館に収蔵された。なぜだろうか。端的にいえば、教皇特使活動がボナパルト政府当局の管理下におかれていたからであるが、そのほかにもいくつかの要素が作用した。そのひとつにカプララ枢機卿自身の個性、あるいは登用の前提となった彼の政治的スタンスの問題があげられよう。

ジャン－バティスタ・カプララは、一七三三年五月二十九日ボローニャで生まれた。父はフランチェスコ－ライモンド・モンテクッコリ(Francesco-Raimondo Montecuccoli)伯爵だが、なぜか母方の姓を名のっている。フランスに赴任するまでに、教皇庁大使として長いキャリアを誇っている。

一七六六年十二月から九年間ケルン大使を務め、フェブロニアニスム(教会の国家への服従を説くフェブロニウスの説を奉じる立場)と闘っただけでなく、七二年にはイギリス、南ドイツのカトリック支援使節としても派遣された。「彼は、このときおおいに真価を発揮し、ローマに送った報告書では見事な洞察力を証明してみせた。のちに、多くの非難が彼に浴びせられるが、このことを強調しておくのは無駄ではないだろう」とシャロン－ボルダスは書いている。

その後カプララは、一七七五年から八五年までの一〇年間はルツェルンで、九三年までの八年間はウィーンで大使を務めた。ローマでの評判を落としたのは、オーストリア宮廷との関係をうまく調整できなかったためらしく、フランス革命さなかの九三年不名誉な更迭を受けている。このことは、彼がのちに、ナポレオン側近から「ジャコバン枢機卿」の異名をとり、「開明的な精神」の持ち主と評価されたことと無関係ではない。

他方ヴァチカンからは、「無気力」「優柔不断」「俗権に媚びる」などと酷評された。ピウス六世死後の教皇選挙でもオーストリア皇帝の横槍で埒外《らちがい》におかれ、ボローニャ大司教の職も同じくオーストリアの反対で阻止された。一八〇〇年になってようやくイエジ司教のポストを確保したにすぎない。要するにカプララは、教皇ピウス七世の代には完全に「窓際」に追いやられた過去の人だったのである。それだけに、彼がフランスへの教皇特使に選ばれたのは、教皇庁関係者にとってまったく予想外の人事であった。

じつは、特使カプララは、ナポレオン自らの指名によってはじめて実現したのである。ピウス七世の国務卿コンサルヴィの回想録によれば、ヴァチカンはカプララの健康などを理由に難色を示したが、第一執政の重ねての要請により、彼を指名せざるをえなくなった。「のちの事態の推移をみれば、ボナパルトがなぜ彼に執心したか、われわれがなぜ彼を嫌ったか、よくわかるだろう」というコンサルヴィの表現は、カプララの政治的スタンスを物語っている。

そもそも、コンコルダートの交渉はほぼ一貫してナポレオン側のペースで進められたのであり、教皇特使の活動も、共和暦一〇年ジェルミナール十八日(一八〇二年四月八日)の政令が定める細則にのっとって行なわねばならなかった。カプララは、たしかに絶大な権限と待遇を得、「パリの教皇」として信者たちに君臨した。だが彼は、法的にナポレオンの掌のなかにあっただけでなく、なによりもローマへの忠誠心を欠いていた。コンサルヴィのカプララへの一貫した酷評は、政敵の言として割り引かねばならないが、「カプララが皇帝寄りの姿勢をとって教皇を救わなかっただけでなく、むしろ敵対的でさえあった」という評価は、ヴァチカン首脳部の共通した認識だったとみてよい。現に、彼はローマからつねに疑惑の目でみられており、ピウス七世はカプララ自身よりも、随伴させた特使書記のサラと特使顧問マツィオに頻繁に連絡をとろうとしたといわれる。

カプララのこのスタンスが最も明確に現われたのは、彼の任務が解かれたときの態度であった。一八〇八年二月、フランス軍が教皇国家を占領し、両国の国交が断絶した。三月三十日、教皇はコミュニケを発表し、教皇特使のヴァチカン召喚を命じたが、カプララはこれに応じなかった。各方面から非難が集中したが、彼は健康上の理由をたてにパリのビロン館(現在のロダン美術館)を去ろうとはしなかった。

たしかにカプララはこのとき六十五歳、じっさい二年後には他界している。健康状態が悪かったのは事実である。だが、フランス軍に拉致《らち》されたも同然のピウス七世の命令に従う気が起こらなかった、というのが本音であったにちがいない。ヴァチカンは当然激怒し、「彼の振る舞いは世界中の物笑いだ」と嘆いたが、どうすることもできなかった。彼の召喚を諦めた教皇は、せめて特使活動文書の移送だけでもと要請したが、これも即答を避けているうちに、コンコルダートの細則の壁に阻まれた。

一八一〇年六月二十一日、カプララはビロン館で息を引きとった。皇帝ナポレオンは、断交中の元特使であるにもかかわらず、しかも前年から教皇をサヴォーナに幽閉中であるにもかかわらず、二年前に逝去したパリ大司教ブロイと同格の名誉を彼に与えた。七月二十三日ノートルダム大聖堂で盛大な葬儀が執り行なわれ、遺体はサント–ジュヌヴィエーヴ教会に、イタリア王国上院議員・ミラノ大司教(一八〇三年に叙任)の資格で葬られている。カプララのスタンスがいかにナポレオンにとって好ましいものであったか、測り知ることができるだろう。

こうして、特使文書はヴァチカンに渡ることなく、共和暦一〇年ジェルミナール十八日の政令にのっとり、宗教管轄の国家参事会をへて国務院文書館に移管された（一八〇八年九月十八日）。だが、ヴァチカンはこの文書を諦めきれず、第一王政復古が成ったとき教皇庁文書館長マリーニをパリに派遣し、カプララ文書のローマへの返還をもとめた。しかし、「百日天下」でこの交渉は中断する。第二王政復古後の一八一七年と二二年、教皇庁は二度にわたって公式に返還要求を行なうが、いずれも、文書のフランスにとっての重要性と、ジェルミナールの政令という法的根拠をたてに拒否されている。

教皇特使文書を派遣国の所有権のもとにおく、という法令に客観的正当性があるかどうかは別として、復古王政との協調関係をもってしても返還は実現しなかった。七月王政下の一八四二年、教皇庁は四度目の返還交渉を行なったが、国益の壁を崩すにはいたらなかった。かくして、カプララ文書はフランスにとどまり続け、一八四八年、帝政文書の移管にともなってスービーズ館（現在の国立古文書館）に登録されたのである。

文書の詳細

アルベール・マチエの論文「カプララ枢機卿を前にした革命期の聖職者」（『フランス革

命史年報』一九二六年)では、国立古文書館の分類コードAF／Ⅳ／一八八七〜一九三二にあたる、四六の史料箱に収められている手稿と記録帳を教皇特使文書の総体と見て論じているようである。じつは私自身も、煩雑さを避けるため、この系列にしぼってその行方を論じてきた。

だが、カプララ文書には、一八〇八年に枢機卿の手を離れたこの部分のほかに、一八一〇年彼の死後にはじめてフランス当局に差し押さえられたもうひとつの系列が存在したのである。これは、一言でいえば外交文書である。特使がヴァチカン当局者と交わした通信文が中心だが、皇帝と教皇庁との確執を示す書簡やタレイランとの交信なども含まれている。シャロン－ボルダスによれば、政敵コンサルヴィとの通信がこの系列の白眉らしい。カプララは特使事務を聖職関係部と政治関係部のふたつの部署に分けていた。聖職者赦免請願にかかわる聖職関係部は、ジェルミナール十八日の政令に規定されるが、政治関係部は外交文書であり、必ずしも供出義務を感じていなかったように思われる。生前、この部分だけでもローマに送ることはできたはずである。コンサルヴィらの非難も的外れではない。

ともあれ、この政治文書は死後押収され、国務院ではなく宗務省文書館に収蔵された。国立古文書館に移されたのは一九一二年か二〇年のことであり、分類コードF／一九／一九〇六〜一九二三に収められた。マチエ論文の直前であるが、系列がまったく異なること、マチエの問題関心と少しずれること、などを考えると彼が政治文書を無視したとしてもさして不都合はない。本書でも、関心は「背教者たちのその後」にあるため、さしあたり前者の系列AF／Ⅳ／一八八七～一九三二を中心に内容を概観することにする。分類コードに沿ってみてゆくと、内容的にはつぎの三つに大別される。

(1) AF／Ⅳ／一八八七～一八九〇B――教皇ピウス七世からの書簡。カプララ枢機卿とカンブレー、ディジョン、アングレーム、ストラスブール各司教区聖職者との往復書簡。一八〇二年に新しく叙任された司教にかんする情報など。

(2) AF／Ⅳ／一八九一～一八九四――教皇特使・聖職関係部事務局から出された書簡が、六三部の記録帳に収められている。嘆願書にたいするカプララの回答も含まれる。ただし、教皇特使側からのものだけで、特使宛てのものはない。

(3) AF／Ⅳ／一八九五～一九三二――教皇特使への嘆願書(一八九五～一九一六は聖職者からの請願、一九一八～一九三二は平信徒からの請願、一九一七のみ司教・司教総代理・主任司祭らにゆだねられる特別権限の要望書)。

妻帯僧に注目するわれわれの関心を引くのは、この最後の文書、とりわけAF／Ⅳ／一八九五～一九一六の部分である。以下では、さらにこの部分にしぼって紹介してゆくことにしよう。

この二二個の史料箱(シャロン－ボルダスは二一箱と誤認)には、五〇〇〇部以上の嘆願書が収められている。Ａ四判よりやや大きい目の手稿は、枚数にして二万枚ほどはあろうか。鉛筆書きで付けられた通し番号を合算してみると一万二三九六枚だが、二〜三枚で一つの番号がふられているものも少なくないからだ。この気が遠くなるような分量の二倍以上もの手稿を通読し、詳細な書誌を作成したシャロン＝ボルダスの驚異的な努力には、まったく脱帽するしかない。

請願の内容は、マチエが分類しているほど単純ではなく多岐にわたっている。まず在俗聖職者と修道聖職者に大別して考えるのが妥当だろう。修道聖職者はそもそも、ローマに直接請願するのが筋なのだが、カプララのもとに大量の嘆願書が届けられたため、急遽受けつける権限が付与されたものである。もっとも、元修道僧の一部は立憲派教会の司祭にも選ばれており、この区分は史料整理上の便宜的なものでもある。

在俗聖職者の場合

(1)　宣誓僧――聖職者民事基本法への宣誓から「王政を憎む宣誓」にいたる一連の宣誓行為を悔い改めて赦免をもとめる者。立憲派教会に拠って司牧活動を行なった部分である。ただし、すでに聖職から離れている者のなかには還俗の許可をもとめる者も少なくない。

(2)　聖職放棄僧――テルール下の非キリスト教化運動で聖職叙任状を供出した者。つまり「背教」の赦免を乞う聖職者たちで、(1)と重なる部分も多い。

(3) 妻帯僧——非キリスト教化運動によって妻帯を強制された聖職者、およびそれ以前・以後に自発的に結婚した聖職者、の二つに分けられる。前者は家政婦・姪・叔母などと偽装結婚したのち別れているケースであり、復職を願う者が多い。もっとも真の結婚生活を送り子供をもうけている場合も少なくなく、自発的に妻帯した者と同様、結婚の正式認可をもとめている部分もかなり見受けられる。(1)、(2)とも重なる者が多いが、すべてが包含されるというわけではない。

以上の三類型(事実上かなりの部分が重なっている)が赦免請求のおもなパターンであるが、復職を請願していないケースも意外に多いことが目を引く。またこのほかにも、(4)叙品の有効性の再確認をもとめる聖職者(立憲派司教による叙任、立憲派僧による俗人への婚礼叙品などの有効性を懸念したケース)、(5)武器を取り、人を殺《あや》めた聖職者(ヴァンデの反乱軍や革命軍に加わった者、なかには聖職希望の俗人も含まれる)などのケースがあることにも注目しておきたい。

修道聖職者の場合

(1) 在俗僧化をもとめる修道士——修道誓約を解除され、教区付き聖職者として再出発することを公認してもらおうとする者。その多くは立憲派僧であり、「無資格」司教による叙任の有効性を懸念し、再確認をもとめたケース。

(2)　妻帯した修道士――偽装結婚の無効性の確認と、教区僧としての公認をもとめる者から、聖職以外の職につき還俗と結婚の公認を望む者まで、在俗僧の場合と同様のヴァリエーションがみられる。ただ修道院の改廃は革命初期のことであり、当然ながら自発的結婚の比率は在俗僧より高い。

(3)　結婚した修道女――その多くは聖職者の妻となっている。修道誓約からの解放と結婚の公認をもとめるケースが多い。修道女の嘆願書には、大多数が男性の上級聖職者による代訴のかたちをとっていること、元の所属修道院の名で集団的な赦免請求を行なっている場合が少なくないこと、などの特徴がみられる。また、女子修道会は教育や医療にかかわるものを中心に再建が黙認されたものもあり、そうした団体への集団的移籍の公認をもとめるケースもあった。

修道士や修道女が世俗社会で生きてゆく場合、ともかく修道誓約の解除が前提である。結婚とは異なる職業を営んでゆくうえでも清貧誓約はことに心理的障害となったようである。結婚問題とは無関係に、これのみ申請してくる嘆願書も少なくなかった。また、これらの弁明には、家庭の事情により自らの意志に反して修道院入りを余儀なくされた事情を訴えている場合がかなりある。アンシァン・レジーム下における修道院の機能や家族問題を考えさせられる事例だ。

2　カプララ文書の語るもの

背教者たちの社会史

以上のような骨組みの紹介で、背教僧の類型あるいは背教の種別が、ある程度明らかになったと思われる。つぎに、より立ち入った分析と文書それ自体の「読み」を試みてみよう。おおげさにいえば、アナール派流の数量的分析と、ミクロ・ストーリアあるいは「読解と物語り」の歴史学がこの文書からどの程度引き出せるのか、という史料学的見通しである。

カプララ文書から「結婚した聖職者」についての社会史的分析を試みているのは、すでに述べたように、今日のフランス革命史研究をリードするミシェル・ヴォヴェルである。彼はその著 *La Révolution contre l'Église: De la Raison à l'Être suprême*, Bruxelles, 1988.（谷川稔他訳『フランス革命と教会』前掲）において、「結婚した聖職者」と題する章を設け、つぎの図表のように、妻帯僧の時期区分（**表1**）、その県別分布（**図17**）、宣誓僧にたいする妻帯僧の県別比率（**図18**）、聖職放棄者にたいする妻帯僧の県別比率（**図19**）、身分（**表2**）・転職先（**表3**）の地域別比率、妻帯僧と妻の平均年齢・子供数の地域別分布（**表4**）などについて数量的分析を披露してくれている。

ヴォヴェルはまず**表1**によって、聖職者の結婚が、非キリスト教化運動の以前と以後にも分布していることから、それがテルールの強制のみによる現象ではなかったことを確認する。**図17～図19**は選挙社会学などでおなじみの地域特性を把握する作業である。彼はこれらの図から、聖職者の結婚には宣誓や聖職放棄とは別の心性が作用していることや、非キリスト教化運動の扇動者たちによる圧力が地域ごとにたいへん異なっていることなどを読み取っている。**表2**と**表3**は文字どおり、妻帯僧の階層と新しく従事した職業の割合を示すものである。**表4**では、あまり年配でない僧の「脱落」という事実の指摘と、彼らの平均的家族像が割り出されている。

いずれも大変な力仕事であり、払われた努力には率直に敬意を表しておかねばならない。ただ、それだけに惜しまれる点や、ないものねだりしたくなる部分もある。たとえば、ヴォヴェルはカプララ文書のうち妻帯僧のものと特定できる文書を約三〇〇〇近くとし、そこから実数をおよそ六〇〇〇人と推定しているが、後者の判断の根拠は示されていない。かりにこの推定に妥当性があったとしても、教皇特使に赦免嘆願書を送らなかった部分は、書き送った三〇〇〇人と同じような性格をもっていたとは考えにくい。にもかかわらず彼は、約半数にあたる(?)三〇〇〇は妻帯僧の全体像を代表しうる数値だとして統計処理している。

だが、嘆願書を出さなかった者は、死者をのぞけば、もはや教皇赦免の必要を認めな

表 1　妻帯僧の時期別割合

(単位：%)

	1794 年以前	1794 年	テルミドール以後	コンコルダート以後
北西部	3	74	20	3
北東部	13	58	21	1
南西部	21	40	33	5
南東部	22	51	20	7

注）数値の誤差は原書のまま.

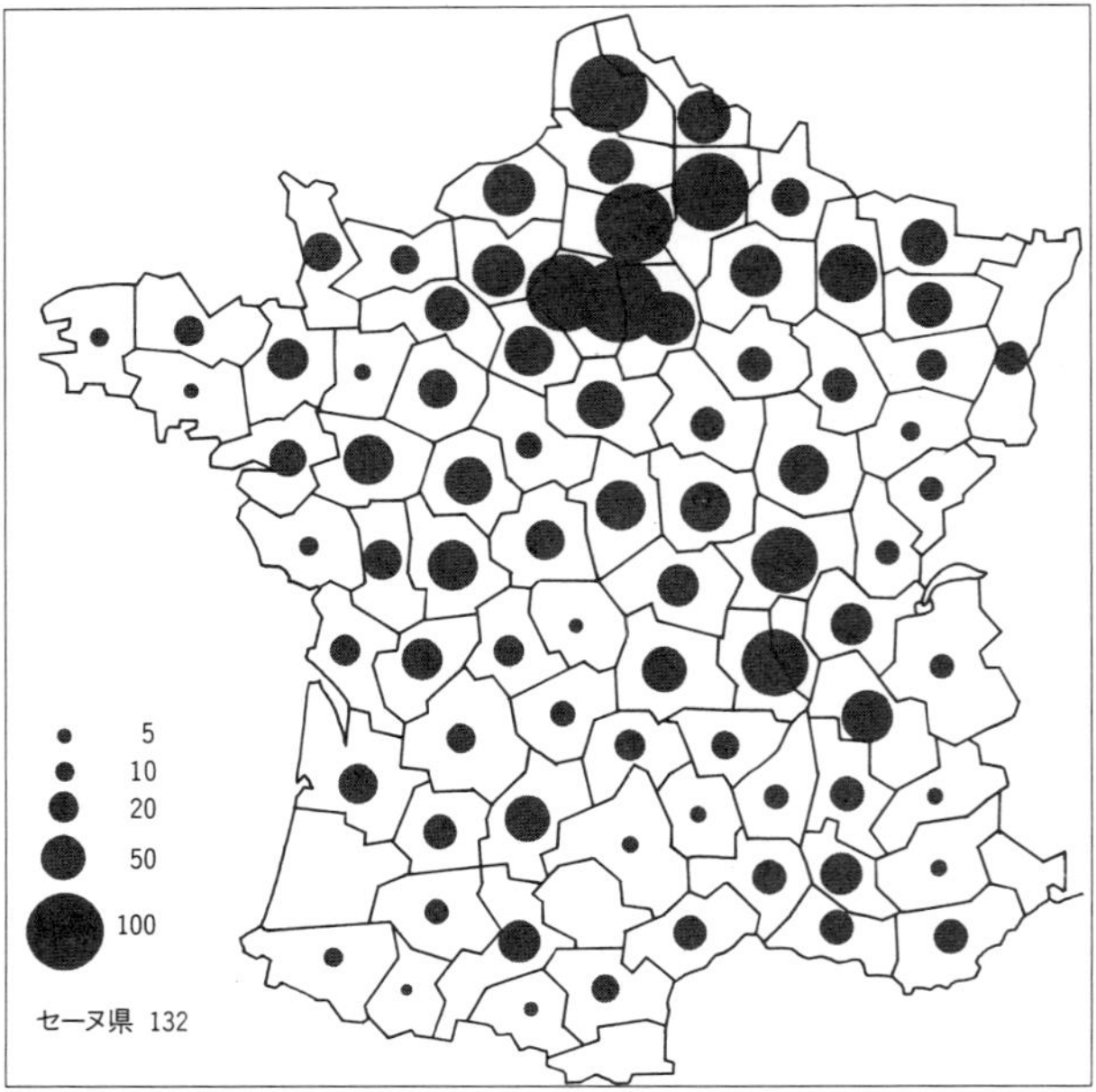

図 17　妻帯僧の県別分布(実数)

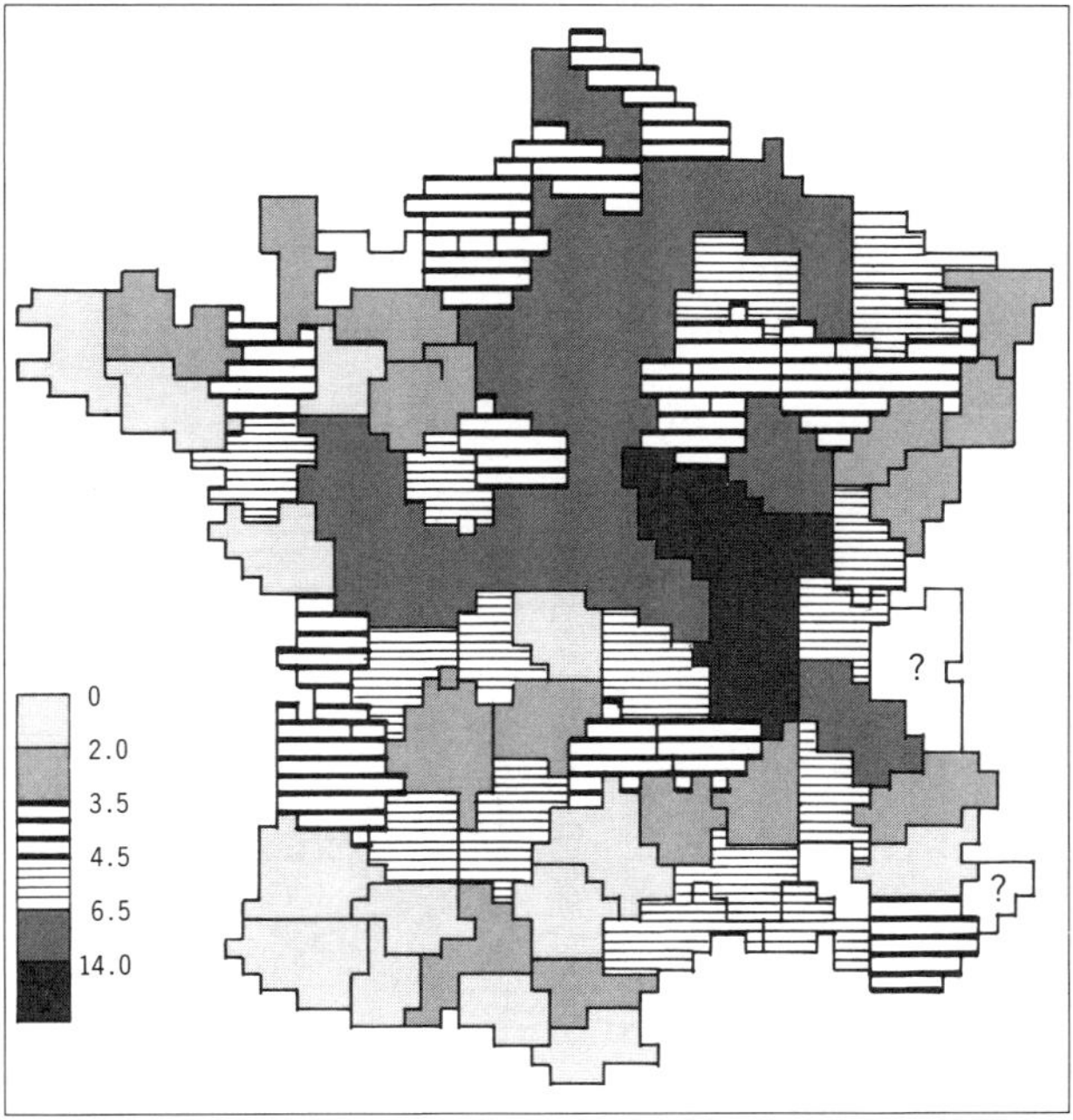

図 18　基本法への宣誓を強制された聖職者の数にたいする妻帯僧の割合(%)

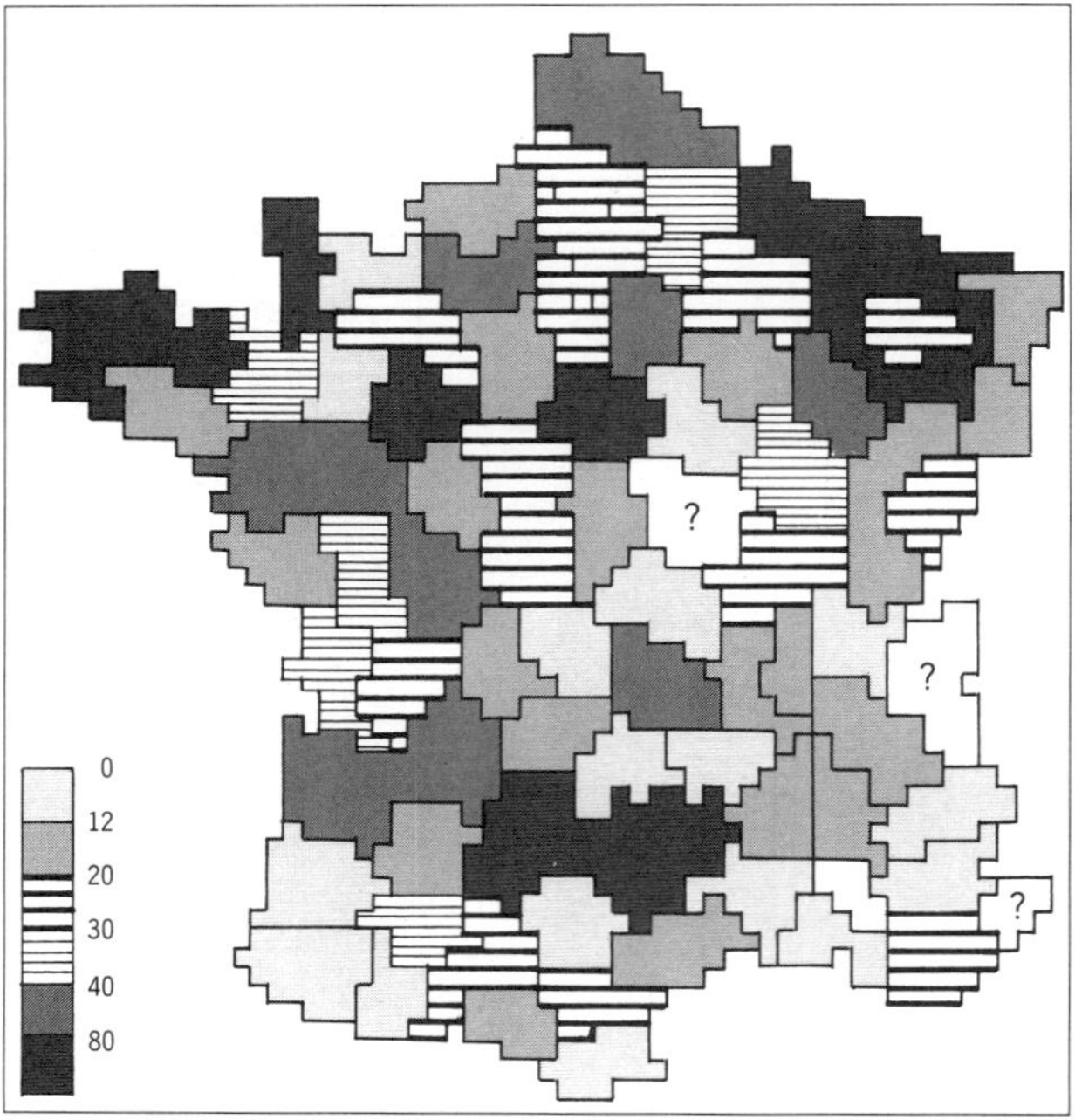

図 19　聖職放棄者 100 人にたいする妻帯僧の割合(%)

表2　妻帯僧の身分

（単位：%）

	主任司祭	外勤主任司祭	助任司祭	高位聖職者	司祭補（執事）	修道僧	不明
北西部	24		4	5		13	54
北東部	35	10	4	2		21	27
南西部	45		2	4	6	15	28
南東部	41		11	8		16	23

表3　妻帯僧の転職先

地域 / 職業	北西部		北東部		南西部		南東部		総　計	
	人	%	人	%	人	%	人	%	人	%
教育職	58	28.5	36	32	24	36	51	36	169	32
司法職	31	15	14	13	10	15	20	14	75	14.5
行政職	66	32.5	30	27	12	18	20	14	128	24.5
自由専門職	7	3.5	6	5	2	3	15	10	30	6
軍　隊	5	2.5	3	3	1	1.5	4	3	13	2.5
商工業	22	11	8	7	9	14	20	14	59	11
土地所有者	8	4	6	5	4	6	6	4	24	4.5
農業家	6	3	8	7	4	6	7	5	25	5
総　計（絶対数）	203		111		66		143		523	

表4　妻帯僧と妻の平均年齢および子供の数

		北西部	北東部	南西部	南東部	全　国
妻帯僧の平均年齢		37歳	38歳	37歳	42歳	
妻の平均年齢		30歳	（？）	31歳	45歳	
子供のできた割合		36%	31%	49%	28%	35%
子供数	1人	28%	32%	32%	36%	31%
	2人	24	30	30	24	27
	3人	21	16	25	25	21
	4人	10	10	8	13	11
	5人以上	4	6	4	4	10
	不明	11				

注）数値の誤差は原書のまま.

かった者か、書いても赦免の見通しがないと考えた者が大半であろう。前者はカトリック秩序にたいして否定的な心性を示しており、後者は背教の程度が甚だしいか、下級聖職者ないし農業などの現業職についている部分が多いと考えられる。それゆえ、彼が提示する妻帯僧の身分や新職業の割合については、かなりの留保が必要となる。じっさい、転職先が特定できるのは五二三人のみであり、三〇〇〇を基数と考えてもサンプリングに問題が残るだろう。

要するに、ここで確認できるのは、地域別の割合よりも職種それ自体であり、あいまいな数量的結論より、いくつかの特徴的ケースにかんする質的分析のほうだと思われる。ちなみに、**表3**の教育職の内訳は、初等教員が一番多いのは当然として、創設されたばかりの中央学校の教授、私立コレージュや寄宿学校の教員、舎監、外国語教師なども含まれている。司法・行政職も、裁判官、裁判所書記、公証人、県参事官、助役、市町村長といった恵まれた者から、役場の帳簿係、警官にいたるまでさまざまである。自由専門職では、医者、外科医、獣医、弁護士、薬剤師などがあげられる。農業部門は先にみた理由からか、文書のなかには意外なほど少ない。

ところで、妻帯僧の相手はいったいどんな女性だったのだろうか。修道女というのが有力なパターンではあるが、最も支配的な例というわけではない。しかも、この場合は双方が「背教」の罪を共有するわけであるから、むしろ心理的抵抗が少なかったと推測される。普通の女性が、世間から後ろ指をさされることを承知のうえで聖職者と所帯をもつには、たいそう勇気がいったはずである。妻帯を迫られた彼らが最も頼りとしたのは、やはり親族であった。ヴォヴェルは従姉妹、姪、義理の姉妹をあげている。ほかに家政婦という例もあったが、この文書のなかではそれほど多くはない。

妻の年齢が異常に高いケースなどは、いわゆる偽装結婚であるが、数値自体は存外少ない。ただ、偽装結婚の多くは内々に処理されているらしく、請願しなかった部分に埋没しているとも考えられる。数量化のみで全体像を描くことの難しさがここにも潜んでいる。さしずめ、ロバート・ダーントンならば、非キリスト教化という文化現象に数量的方法を適用すること自体の妥当性を問うであろう(ダーントンは、文化現象を数量史的に扱うP・ショニュらのアプローチをきびしく批判している。たとえば、彼の『猫の大虐殺』〈海保・鷲見訳、岩波書店、一九八六年〉の「結論」では、ヴォヴェルも槍玉にあげられている)。

とはいえ、ヴォヴェルがダーントン流の直観的素描を嫌い、数量統計や地域偏差の図示という、「科学的」方法にこだわった理由は理解できる。聖職者の妻帯というテーマは、カトリックにとってはとびっきりのスキャンダルである。これを反教権主義の立場から暴露趣味的に取り扱っている、という非難を免れたいのは学者として当然であろう。この国での教権・反教権の問題は、序章で述べたように、今日でも依然として熱い政治的係争点なのである。

また、県別偏差の図示は、フランス社会史の伝統にのっとった手法であり、「フランス革命と地域文化」のような問題関心に答えてくれるという利点もある。ただ、そうしたタブーも伝統ももたない外国史研究者にとっては、ヴォヴェルの「科学的」アプローチはどこかもどかしさを感じさせるものがある。ひとつには、この数量的手法が平均像の抽出に向かう性癖をおびていることにも起因していよう。とりわけ地域別の平均値や百分比だけでは具体像がみえてこないのも当然である。平均値は、長期的トレンドの抽出には威力を発揮しても、短期の政治的事件のインパクトを測るには十分ではない。そもそも、両者の綜合がヴォヴェル本来のテーマだったはずである。ここではぜひとも、ディスクールの内容分析を加味する必要があるだろう。

じつのところ、彼もその必要性を意識してか、数量的分析に続けて、嘆願書の内容紹介を行なっている。ただ、惜しむらくは断片的にとどまっており、ミクロ・ストーリア的な展開は避けられている。あるいは、文書の性格に合わせてそうしたというべきかもしれない。たしかにカプララ文書は、異端審問や裁判記録のように個人や少人数に的を絞ったものでないため、奥行に欠けるところがあるのは否めない。だが、この文書に秘められた人間臭いドラマの数々を無視して、革命期の宗教的心性の行方は語りえないと思われる。

制度としての聖職者だけでなく、生身の人間としての聖職者にとってフランス革命とは何であったか。この点では、ヴォヴェルよりマチエのほうが自覚的であったかもしれない。ここでは、とりあえずこの大先達マチエの紹介に倣って、いくつかの嘆願書に目を通してみよう。

文書を読む

復権した立憲派司祭――司祭ヴァルフランベールの嘆願書(AF/IV/1899, d.10, p.95)

一八〇四年七月九日、カルヴァドス県、オンフルールにて

教皇特使カプララ枢機卿猊下

猊下に慎んで申し上げます。私は立憲派僧として、三年間カルヴァドス県の郡庁所在地で司祭職を務めておりました。この間、フランス議会特派議員がやって来て、聖職者に妻帯を強制いたしました。私は拘禁されましたが、この拘留が永続的なものになることを恐れ(当時、私にはそう考える理由がありました)、民事契約によって結婚いたしました。これは、けっして教会のまえで認知されたものではありません。

この結婚によって二人の子供とその母親を得ました。私は、この結婚に署名しながら、それが教会法ではまったく認められず、教会のあらゆる権威に抵触することも知っておりました。私はまた、一人の女性と暮らしながら、公的には内縁関係を生きているということも承知しておりました。たえず良心の叫びが聞こえてきまし

たが、私はそれを黙らせました。と申しますのも、本来的に無効な行為を暴力的に押しつけられたのだと、日々自分に言い聞かせておりましたので。どうしようもない脅迫的な仕方で強制されたのであり、もし私が拒否していたら、自由はもちろん命さえも失う恐れがあったのだと。……

この嘆願書は比較的長く、この四倍程度の分量で綴られている(図20の形式で四枚)。紙幅の関係もあり、以下は要約しておこう。

……嘆願者は、自らを「背教者」だと認識しており、どうすれば許されるかということを模索してきました。背教問題にかんするアンジェ会議の報告によると、妻帯した聖職者についても、結婚を無効とし、教会の懐に帰らせるよう指導すべきだとされているようです。ただし、妻と別れ、彼女に持参金(慰謝料)をもたせたうえで、自らには苦行を課すという条件で。私は四年以上前から、妻の同意のうえで、彼女と肉体関係を断ち、彼女が子供たちと暮らしてゆける家を買えるだけの持参金をもたせました。新しい司教様が赴任されたので、自分の行跡と現況(オンフルールの弁護士)を報告し、悔い改め、苦行を自らに課すことで、元の司牧職への復帰を要請しましたが、妻帯僧の復職は認めないと拒否されました。それゆえ、教皇特使猊下にあらためてこの旨、心底より嘆願申し上げる次第です。……

このヴァルフランベールの場合は、「立憲派僧→妻帯強制→二児をもつ弁護士

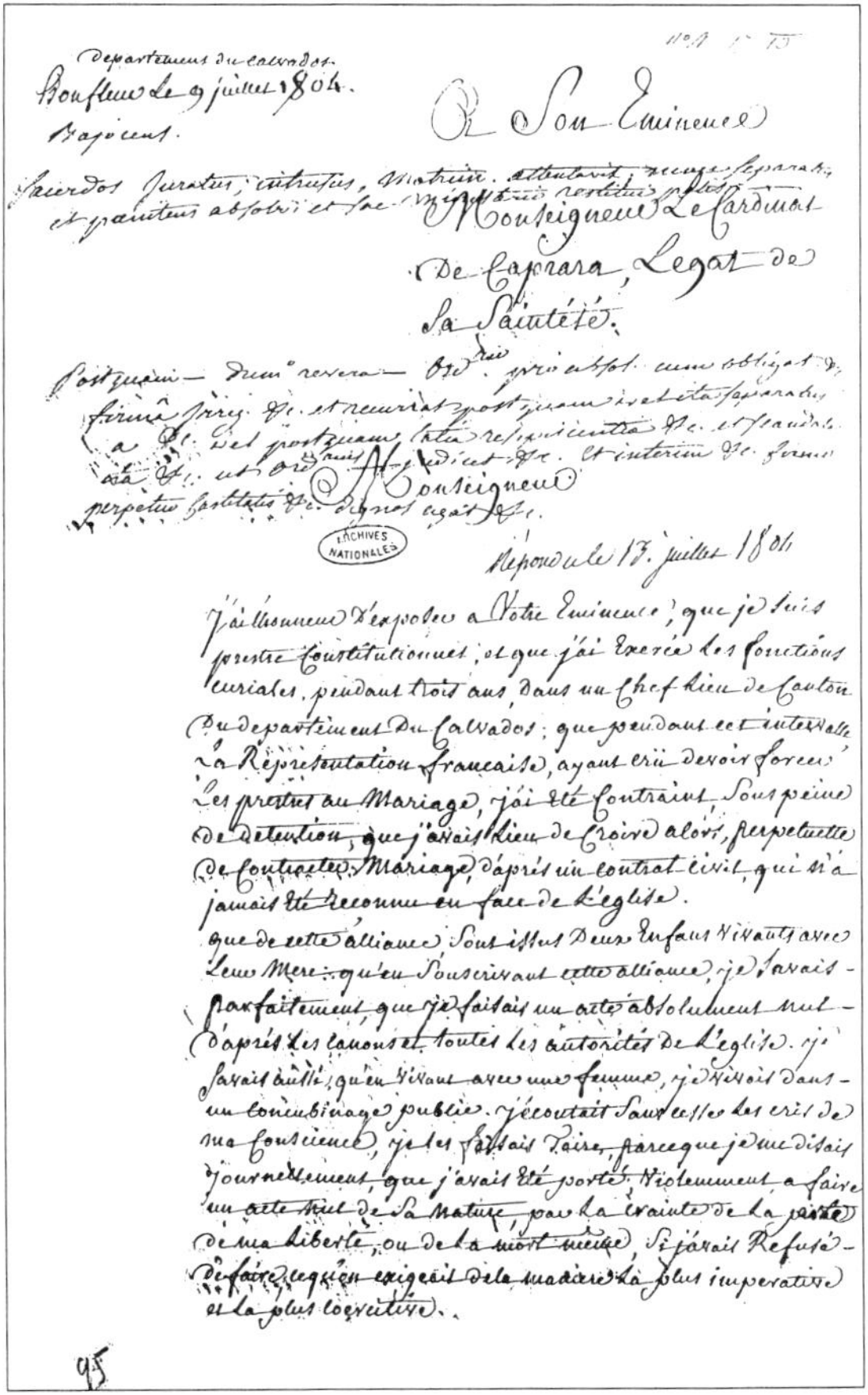
Departement du calvados
Honfleur le 9 juillet 1804.
A Son Eminence
Monseigneur Le Cardinal
De Caprara, Legat de
Sa Sainteté.
Monseigneur
ARCHIVES NATIONALES
Répondu le 13. juillet 1804
J'ai l'honneur d'exposer a Votre Eminence, que je suis prestre Constitutionnel, et que j'ai Exercé les fonctions curiales, pendant trois ans, dans un Chef lieu de Canton du departement du Calvados; que pendant cet intervalle la Représentation française, ayant cru devoir forcer les prestres au Mariage, j'ai été Contraint, Sous peine de detention, que j'avais lieu de Croire alors perpetuelle, de Contracter Mariage, d'après un contrat civil, qui n'a jamais été reconnu en face de l'eglise.
que de cette alliance Sont issus Deux Enfans Vivants avec Leur Mere. qu'en Souscrivant cette alliance, je Savais parfaitement que je faisais un acte absolument nul d'après les canons et toutes les autorités de l'eglise. je Savais aussi, qu'en Vivant avec une femme, je Vivois dans un concubinage public. j'ecoutait Sans cesse les cris de ma conscience, je les faisais taire, parceque je me disais journellement, que j'avais été porté violemment a faire un acte nul de Sa Nature, par la crainte de la perte de ma liberté, ou de la mort meme, Si j'avais Refusé de faire ce qu'on exigeait de la maniere la plus imperative et la plus coercitive.
95

図 20　妻帯僧ヴァルフランベールの嘆願書

→六年後離婚→復職」と要約される。まったく模範的なケースであり、カプララはバイユーの司教に彼を復職させるよう指示している。ちなみに、この文書から、ナポレオン期の新司教層のなかには妻帯僧への赦免に否定的な立場が存在したことがみてとれる。

偽装結婚——オータン司教区、ブレーヴの司祭シャルル・コンネスターブルの場合
(AF/IV/1897, d.5, pp. 23-25)

このニエーヴル県の元司祭は宣誓僧であったが、亡命貴族に内通した廉《かど》で有罪宣告を受けた。死を免れるために彼の家政婦と偽装結婚したと告白し、赦免をもとめている。彼は、それまで一七年間仕えていたこの家政婦がたいへん人格高潔であったことを強調する。彼女は修道院で教育を受け、慈善においても宗教的義務においても申し分なく忠実であった。彼女は彼の命を救うために結婚に同意したが、「純潔の結婚」(性関係ぬきの結婚)としてのみ契約した。テルールが去ったのち、すみやかに彼女と別れた。

彼女は親元に帰り、彼が病気したときの世話以外には寄りつかなかった。やがて彼女は良縁に恵まれて嫁いでいる。偽装結婚以来、彼はミサをあげることは慎み、祈禱書を読むにとどめた。宣誓は五年前すでに撤回している。

カプララはこの司祭に赦免を与えた(一八〇二年)。申し立てが事実とすれば、偽装結

婚の処理として模範的なケースだといえよう。むしろ、汚点を背負いながら(あるいは隠して)再婚できたという家政婦のその後が気にかかる。

恋多き修道女――マリアンヌ・スーリエの場合(AF/IV/1906, d.1, pp. 173-175)

模範的な嘆願書ばかりではない。なかにはずいぶん虫の良いケースもある。このマルヌ県アヴネーのベルナール会修道女スーリエの場合は、まことにあっけらかんとしている。修道女の嘆願書の多くにならって、これも代訴であった(一八〇三年一月二十七日、コンピエーニュのコレージュ教授デュピュイによる)。

「結婚したいから修道誓願を解除してほしい」というだけの、革命期の混乱とはなんらかかわりのない理由からである。この嘆願を興味深いものにしているのは、じつは代訴人の筆かもしれない。彼によると、スーリエ嬢は十八歳の年、(不幸にも)ちょうど修道院が解散される直前に誓願した。彼女は、修道院の柵と日々の敬虔《けいけん》な勤めが、誓願の履行《りこう》を容易にしてくれると信じて貞操を誓った。だが、禁欲の誓いはまことに頼りなきもの。「私には次の二行の詩句が思い出されます。「若い娘の情欲は身を焦がす炎、修道尼の情けはその百倍も危うい。」スキャンダルを未然に防ぐという意味からも」なんらかの慈善・善行を課すことによって、スーリエの貞操誓願を解除してやってもらえないものか、と記している。

この例を紹介したマチエは「カプララには申し立てられた理由が十分なものと考えられず、それゆえマリアンヌ・スーリエはその身を焦がし続けねばならなかった」と皮肉っている。つぎに、もっとまじめに開き直っているケースもみておこう。

妻帯弁護論——ドルドーニュ県の立憲派司祭ラバルトの場合(AF/IV/1898, d.6, pp. 76–80)

この人物は、革命前ソーシニャックの土地所有者で、一七八三年八月に二十八歳で結婚していた。一〇年後の一七九三年四月、ドルドーニュの立憲派司教の手で、ベルジュラック近郊のクール・ド・ピルという小教区の司祭に、妻帯したまま叙任されている。ラバルトは、妻と十七歳になる息子(年齢と結婚年数とのズレがみられるが……)とともに教区活動に携わった。彼はまったく悪びれることなく、初代教会の使徒たちがいつも妻をともなっていたことを引き合いに出して、妻帯弁護論を展開している。

私は、処女の純潔というものが、われわれの想像を絶するほど素晴らしいものだと信じます。しかし、結婚した人びとが神にしたがって生きているのは、司教様や聖職者たちが独身で暮らしておられるのと同様に意にかなうことだと思います。今日の司教や聖職者のうち、どなたがあえて聖ルイや聖レオポルトより優れているとか、比肩しうるなどと考えておられましょうか。

真っ向から教会法を否定したラバルトの申し立てが、カプララの気に入らなかったのはもちろんである。彼ほど挑発的ではないにしろ、聖職復帰より家族の絆を優先し、還俗のみをもとめたケースは、前述したように、けっして少なくなかったとみられる。

これら四つの事例をながめただけでも、この文書世界の面白さについ引き込まれそうになるだろう。ただ、個々の多様性は想像以上である。もちろんいくつかのパターンに収斂《しゅうれん》してゆくものの、「集団的告解」というには、各自のスタンスに違いがありすぎる。全体としてみた場合、ここからひとつのミクロ・ストーリアを引き出してくるのは、残念ながら困難という印象を受けた。

個々の嘆願書が短く、文書の凝集性が希薄だといってよい。それ自体が、いわばプチ・ミクロ・ストーリアの集積なのである。その意味では、ヴォヴェルのマクロな分析にむしろ適合的なようにさえ思える。もっとも、いくつかの特徴的ケースに個人の回想録の類を結合することができれば、もしくは地方文書館をフォローする執念があれば、あるいはミクロ・ストーリアも可能かもしれない。いつか試みてみたいと考えている。

妻帯僧文書の内と外

以上、カプララ文書の成立事情とその概要を紹介しながら、いくつかの問題点を指摘してきた。この文書が、大革命期の心性史研究に貴重な示唆を与えてくれるものであることだけは、認識していただけたかと思う。

ヴォヴェルはかつて、「フランス革命の一〇年で、はたして人びとの心性は変わったか」という問いを発した。また彼はつとに、大革命以前の南仏社会では、すでに人びとの脱キリスト教化傾向が進行していたことを数量史的方法によって明らかにしている（ミシェル・ヴォヴェル「フランス革命における心性の変化」〈立川孝一訳、『思想』七六九号、一九八八年〉。M. Vovelle, *Piété Baroque et déchristianisations: les attitudes devant la mort en Provence au XVIII*^{e} *siècle*, Paris, 1971.）。宗教的心性にかぎれば、先の問いは、「フランス革命の嵐は、この長期的傾向をドラスティックに進行させたか」と置きかえられる。彼はいくつかの留保をつけながらも、この問いに自ら肯定的に答えている。ただ、なぜか今ひとつ歯切れがよくない。この点で、カプララ文書は、ヴォヴェルの答えを別の角度から吟味する手がかりを与えてくれるように思われる。それも奇策を弄さず、真正面から史料批判をほどこしてゆくことによって。

たとえばまず、カプララ文書ＡＦ／Ⅳ／一八九五〜一九一六の共通項はなにか。たんなる還俗から復職要請まで目的はさまざまであるが、教皇の赦免をもとめているという一点では同じである。彼らは程度の差こそあれ、教皇赦免という教会法的手続きの意味を革命後も認めた部分である。

この文書は妻帯僧のみのものではないが、話を解りやすくするために、過半を占めるそれら約三〇〇〇に絞って考えてもよい。ヴォヴェルも指摘するように、この三〇〇〇の外側には、ほぼ同数と見積もられる「赦免嘆願しなかった妻帯僧」が存在した。死去した者をのぞけば、彼らは、赦免を断念した者か、この儀式の意味をもはや認めなかった者かである。内面的信仰は知る由もないが、彼らの選択は、結果として「非キリスト教化」的行為として現象したといえよう。こうして、文書の内と外をみることによって、「背教者のその後」のおおまかな両極化がまず指摘できる。

さらに、もう一歩突っ込んで考えると、文書の内側にもじつは「両極化」が存在したはずではないか、それをどうみるのか、という問題が残るだろう。先にあげた二つの例でも明らかなように、聖職復帰をもとめず、結婚を正当化するためにのみ赦免（公的な還俗）をもとめている事例が少なからず見出されることである。彼らは赦免請求という行為自体ではカトリック的秩序を認めているわけであるが、これは一種の「けじめ」にすぎないとも考えられる。「その後」の新しい人生そのものが、これまた結果として、非キリスト教化的行為として現象したであろう。この場合、赦免嘆願しなかった妻帯僧との距離はわずかである。こう考えると、文書内の両者の数的比率を把握することもかなり重要となる。

これらの考察はごく初歩的な、文書構造の「読み」の例にすぎない。だが、これらを出発点に、さまざまなドラマの「読み」を、ヴォヴェルらの数量史的分析と重ね合わせることによって、革命前後の宗教的心性の変化を「質的に」分析することも可能となるはずである。フランス革命は、真に「習俗の革命」をともなっていたか。この問いに答えるには、かつて民衆の日常的規範形成者であった教区僧たちが、革命の動乱で受けた傷跡をどのように癒そうとしたか、彼らの苦渋の声にもっと耳を傾けねばなるまい。今後の課題としておいて、先を急ごう。

第三章　文化革命としてのフランス革命

1　空間と時間の世俗化

イコノクラスムとマスカラード

非キリスト教化運動では、聖職者個人への攻撃のほかに、教会施設への物理的暴力をともなったことはよく知られている。多くの教会が閉鎖されて「理性の神殿」に転用された。のちにみる「理性の祭典」の舞台である。革命初期にも行なわれた教会の銀器や装飾品の没収が戦費調達の目的でさらに激しくなった。また、鐘楼の鐘が没収され、共和国防衛のための砲弾として鋳直された。ちなみに、第二次世界大戦中の日本でも寺社の梵鐘《ぼんしょう》が狩りだされたのを想起されたい。

さらには本書の冒頭でみたように、いたるところで聖人像の首が刈られたり、引きずり降ろされたりした。イコノクラスム(聖像破壊)あるいはヴァンダリスム(蛮族的破壊運動)とよばれる「民衆的暴力」の展開である。このほか、瀆神的な火刑とマスカラード(仮装行列)がしばしば民衆の熱狂を誘った。すなわち聖人像やローマ教皇を模した人形が火あぶりの刑に処され、聖書やミサ典書、祭壇布などとともに、聖職放棄僧の叙任状が炎に投じられたのである。**図21**のように、聖職者たちがロバの背に後向きにまたがっ

図 21　マスカラード(ベリクール筆)

て行進させられる姿は、まさしくシャリヴァリ的民衆儀礼を髣髴《ほうふつ》させるものであった。

還俗僧であり、また派遣議員でもあったジョゼフ・フーシェの発した墓地令(一七九三年十月)では、共同墓地の十字架までが撤去され、「死は永遠の眠りである」と記された墓碑銘だけが死者を見守ることと規定された。徹底した世俗化である。以後、死と埋葬はいちだんと私的領域に移行してゆくことになる。共同墓地や教会から狩りだされた十字架は火刑の薪となって消えた。

十字架に劣らず憎悪の対象となったのが告解所である。この施設は広場に運びだされて焚火に供されたり、しばしば哨舎として村道の片隅に捨て置かれている。告解が、司祭による村民の日常生活にたいする干渉の武器であったことを雄弁に物語る処置であろう。

マスカラードや火刑の締め括りには、たいていパントマイム仕立ての笑劇が用意されているが、そこでも告解所は重要なスケープ・ゴートであった。たとえば、国民公会に送られたアン県セイセルの報告書にはつぎのような光景が記されている。


理性の女神に扮したひとりの若い女性市民を先頭に、地方当局者や民衆の行列が進んでゆく。これはパントマイムで行なわれる火刑で終了することになっている。すなわち、まず滑稽に祭司服を着込み、聖帽をかぶって胸飾りをつけた男が「狂信」役を演ずる。彼は祭壇のうしろから出てくると、理性の女神に出会って驚く。女神は人権宣言をさし示す。祭司服の男はすっかり怯《おび》えて逃げ出そうとするが、見張っていたジャコバン派に鎖でからめとられてしまう。ここで一行は教会から持ち出した「迷信の玩具」(聖具)をさしだす。

四人のジャコバン派が告解所を運びだして理性の神殿のそばに置くと、村役人が斧でもって告解所の二つの席を真っ二つに割る。すると、なんと不思議。こうして割られた告解所は哨舎になってしまい、一人の国民衛兵が「主権の王国を守らん」と歌いながら入ってゆく。

ついで、迷信の玩具が薪のうえに積み上げられ火が放たれた。人びとが「狂信」をもそこに投げ込もうとすると、彼は滑稽な服を脱ぎ捨てて火に投じた。すると

図 22 「貴族の木」の火刑

図 23 「自由の木」を囲んでカルマニョールを踊るサン-キュロット

「狂信」は国民衛兵の服をまとって立ち現われ、彼がこれまで説いてきた誤謬と偽りを取り消すとともに、聖なる理性にもとづく共和政原理のみを説くことを誓ったのである。(1)

これは理性の祭典にかんする報告であるが、そのクライマックスを飾る火刑でも、このように演出された民衆劇のスタイルをとるのが常であった。

革命的地名変更

還俗強制によって聖職者を解体し、イコノクラスムによって教会施設を蹂躙した非キリスト教化運動の波は、ついには地名の変更、つまり日常的空間表象の世俗化にまでおよんでいる。ロワ(王)やシャトー(城)のついた地名が君主政、封建制を連想させるものとして廃止されたのはもちろん、キリスト教の聖人にちなんだサン(聖)を冠した地名も世俗的内容のものに取って代わられた。たとえば、シャルルロワ(シャルル王)はシャールリーブル(自由の戦車)、シャトーダンはダン-シュル-ロワール(ロワール河畔のダン)となり、サン-テチエンヌはアルムヴィル(武装せる都市)に、といった具合である。

図24からみてとれるように、ここでも地域的対立の構図は生きており、全国で一様に改変されたわけではない。十九世紀末に、革命期の市町村名変更のインデックスを作成したフィゲールという人物によれば、三〇九二の例が数え上げられている。(2) ヴォヴェル

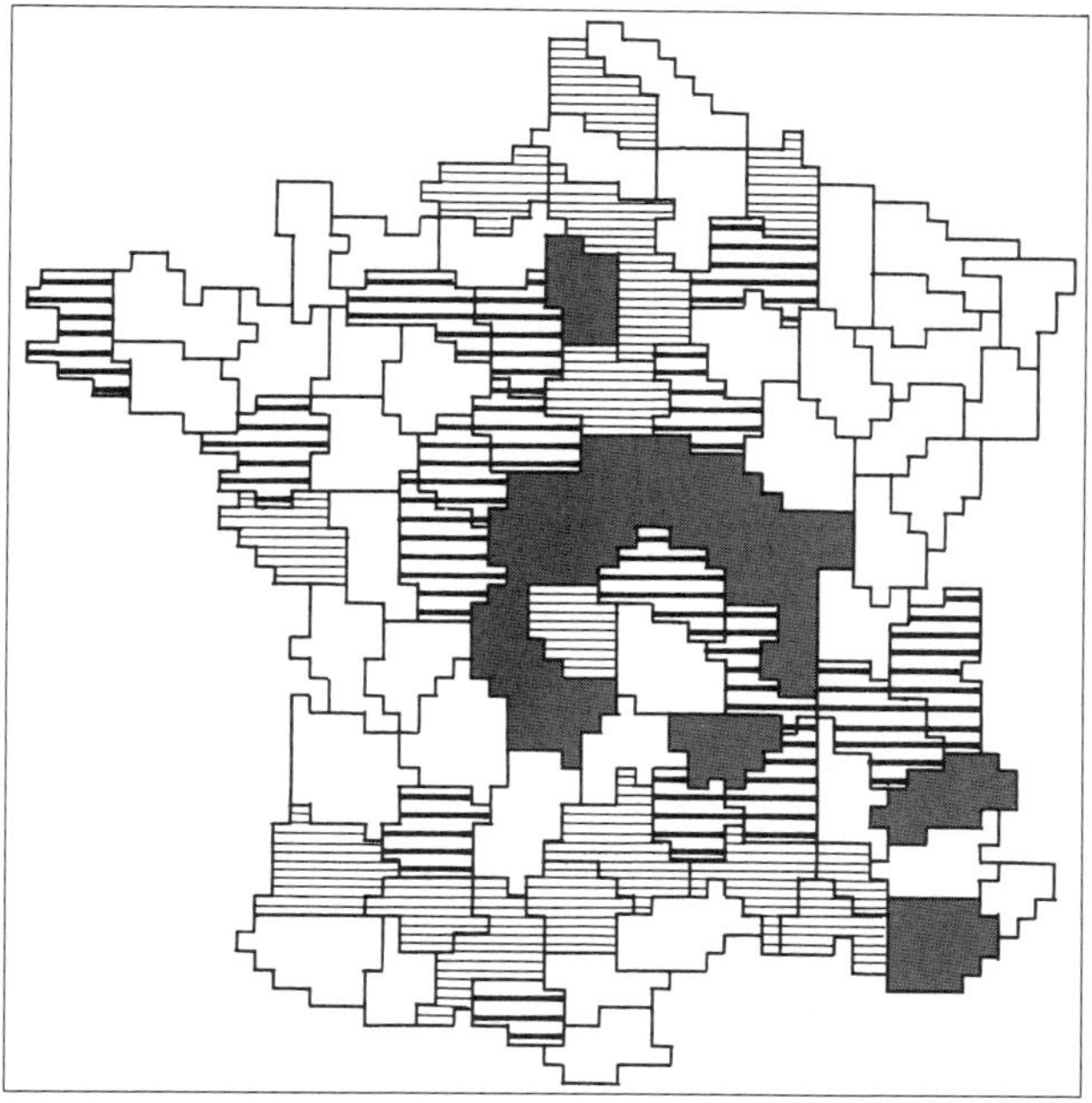

図 24 革命的地名変更の分布　革命的地名変更のパーセンテージに応じて濃くなっている.

はフィゲールの研究から**図24**を引き出したわけだが、革命期の市町村数は全国で三万七六〇〇にのぼるから約八％強にすぎない。

とはいえ、パリ盆地やフランス南東部では市町村名だけでなく、街路や広場、公共建造物の名称にいたるまで一変してしまったといわれる。たとえば、パリのシテ島はイール-ド-ラ-フラテルニテ(友愛の島)、モンマルトルの丘はモン-マラー(マラーの丘)というふうに改変された。

新しい地名によく用いられた名辞を拾ってみると、リベルテ(自由)、エガリテ(平等)、レピュブリク(共和国)、シヴィック(市民の)、プープル(民衆)、ナシオン(国民)といった公民的なものがまず目につく。そして、マラー、ルペルチエ、シャリエ、バラ、ヴィアラなど、革命に殉じた英雄たちが共和国の新しい聖人として登場してくる。

さらに、ヴォルテールやルソーとならんで、古典古代に範をとったブルートゥス、テルモピレー、マラトンなどもよく用いられた。今日、風光明媚なリゾート地として知られる南仏のサン-トロペは、なんとヘラクレス(エラクレ)と改名されている。これらは、「フランス革命期における古代の復権」というテーゼを裏書きする現象でもある。いわば、キリスト教的ヨーロッパの否定をルネサンス風に意志表示するものと考えられよう。

これにたいして、ジロンド派の反乱に与《くみ》したリヨンはヴィル-アフランシ(解放された都市)、同じくマルセイユがヴィル-サン-ノン(名無しの都市)とされたのは、みせしめの意味が込められているだろう。いずれにせよ、こうした地名変更のねらいは旧体制との訣別を視覚的に明確にすることにあり、それによって、新しい「市民的空間」を創り出そうとする試みだと解釈できるであろう。

共和暦の導入

地名変更を「空間の世俗化」とすれば、一七九三年十一月のグレゴリウス暦の廃止は「時間の世俗化」を意味している。周知のように、グレゴリウス暦にはキリスト教の大祭や聖人祝祭日がふんだんに盛り込まれている。復活祭、聖霊降臨祭、ノエル（クリスマス）などはもちろん、サン＝ジャン（聖ヨハネ）、サン＝トゥッサン、サン＝シルヴェストルといった守護聖人の名が一日ごとに織り込まれていた。このことはすでに革命前から、シルヴァン・マレシャルらによってきびしく批判されていたところであった。

そもそも七日に一日の休日は主の日であり、天地創造の神が七日目に休息したという旧約聖書の創世神話にもとづいている。人びとの日常生活のリズムには、キリスト教的モラルがハビトゥスとして無意識的に刻みこまれていたのである。共和国の確立とは、過去との断絶による再生であり、新たな生活習慣を身につけた公民の創出を意味するはずである。だとすれば、ぜひとも時間の観念も革命しなければならない。共和暦の原案作成を託された公教育委員会はそう考えた。

フランス人民が再生し、共和国が確立されたことにより、キリスト教紀元を改革する問題が必然的に生じてきた。王がわれわれを虐げていた年月を、われわれが生きていた時間として数えることはもはやなしえない。われわれの暦は、どの頁も玉座と教会の偏見と欺瞞《ぎまん》でもって汚されてきた。

……長年にわたってグレゴリウス暦に慣らされてきたために、人民の記憶には長いあいだ尊敬してきたイメージが数多く刷り込まれており、しかもそれらは今なお宗教的な迷妄のもととなっている。それゆえ、無知の妄想を理性にもとづいた現実でもって、また聖職者の威信をば自然の真理でもって置きかえねばならないのである。(3)

すなわち、自然科学的合理性にのっとった時間の世俗化による、共和主義的モラルの形成が焦眉の急とされたのである。彼らはまず、共和暦元日を共和政発足の一七九二年九月二十二日と定め、一年一二カ月をすべて平等に三〇日に分割した。基本は十進法の適用である。残りの五日は「サン‐キュロットの日」と命名し、市民が祝祭を行なう補助日にあてられた。ひと月はこれも十進法にもとづいて、一〇日単位の旬日(Décade)で三分割され、各旬末日(Décadi)を休日とした。

各月には葡萄月、霧月、霜月、といった季節感を織り込んだ名称をあて、秋は—aire, 冬は—ose, 春は—al, 夏は—dor と三カ月ずつに脚韻を踏む、しゃれた構成を

図 25　共和暦の銅版画(秋・冬の部分)

とっている。また各日には、聖人の代わりに農産物(じゃがいも、りんご、なし、など)や家畜(牛、馬、あひる、など)、農耕具(鋤、鍬、など)などの名称を割り当てた。

ちなみに、共和暦一月一日(旧暦九月二十二日)は、「葡萄月 Vendémiaire, 第一旬日 1er Décade, 第一日 Primedi, 葡萄の日 Raisin」となる。これは、自然と農作業のリズムを基調にするという考え方によっている。残りの五日間つまりサン-キュロットの日は徳・天才・労働・世論・褒賞の各祭典を行なうこととし、閏《うるう》年の第六日には、古代オリンピアのような国民競技会の開催が規定されている。

この共和暦は、公的には第一帝政の一八〇五年末まで一三年あまり存続したが、一般民衆のあいだにじゅうぶん浸透したとはいいがたかった。行政当局は仕事場や居酒屋などに、旬末の休日(旬日節)を強制したり、旧来の日曜日や守護聖人の日に結婚式を挙行することを禁止したりしたが、一時期をのぞいてあまり遵守《じゅんしゅ》されなかった。このことは、人びとが「時間の世俗化」に抵抗したというよりも、従来の暦の生活テンポがほとんど生理的リズムとして身体化されており、一朝一夕に適応できなかったからだと思われる。

また、春夏秋冬というサイクルをもつグレゴリウス暦は農事暦にも適合しており、祝祭日もその自然的リズムに合わせて設定されていた。共和暦が農本主義を打ち出しながら、一年が秋から始まる不自然さを免れなかったのは皮肉であった。さらに、一週七曜に代わる旬日の導入は休日の削減につながったし、杓子《しゃくし》定規な適用は、守護聖人日にちなんだ多くの休日をも奪うものであった。十進法の合理性は数学的合理性ではあっても、そのままでは日常生活の生理的(身体的)合理性に抵触せざるをえなかったのである。メートル法を中心とする度量衡の統一が革命後も定着したことを思えば、まことに好対照であった。

2 「公民」の創出

知育のコンドルセ

時間と空間を非キリスト教化したうえは、キリスト教的規範に取って代わる、新たな共和主義的公民教育のシステムを確立しなければならなかった。すでに一七九二年八月までに、教会施設での公教育はいっさい禁止され、教育修道会の活動も停止していた。教師にももちろん公民宣誓によるふるい分けが進行していた。共和派は聖職者に取って代わる世俗の学校教育の確立を、なによりも急がねばならなかった。タレイラン、コンドルセをはじめとする、数多《あまた》の教育改革プランが提出された。議会の公教育委員会を中心に議論が百出したことは、革命期の特筆すべきことがらのひとつである。

これらの百花繚乱《りょうらん》ともいうべき改革案を大別すると、ディドロや百科全書派の流れをくむ自由主義的な知育中心モデルと、ルソーの系譜をひく徳育中心モデルに分けられる。

前者の代表的存在はジロンド派系と目された数学者コンドルセであり、後者ではブキエやルペルチエの名前をあげることができよう。

コンドルセは『人間精神進歩の歴史』という社会哲学的遺作でも知られているが、彼のプランで最も注目されるのは、教育の政治権力からの独立を強調している点である。コンドルセの知育中心主義は、エリート主義の主張ではなく、教会権力による宗教教育や国家権力によるイデオロギー教育の拒否を意味している。「およそ、教育の第一条件が真理のみを教えることにある以上、公権力が設立した教育機関は、いっさいの政治的権威からできるかぎり独立していなければならない」。

そのため彼は「社会の義務としての公教育」を説き、就学義務の強制は主張しない。また、教育の機会均等を重視し、初等教育と中等教育とのあいだに横たわる深淵を取り払うことを主張する。すなわち、十九世紀に支配的であった複線型ではなく、今日にみられるような単線型の公教育システムを、無償制として提唱している。この主張は、近代公教育論の一範型を示すものであり、今日ではごく穏当な見解であるように思われよう。だが、政治的イデオロギー渦巻くこの時期にあっては、まことに冷静かつ勇気ある行為といわねばならない。

しかしながら、国家が「新しい公民を創る」、という文字どおり国家統制的徳育が問題とされているときに、彼の主張が受け入れられるはずはなかった。一七九三年五月三十日に、初等学校設置法が採択され、同年末にはその無償・義務教育案も可決されたが、徳育中心論者ブキエの線に沿うものであった。コンドルセがその後、ジャコバン派の訴追を受けて獄中で急死したことはよく知られた事実である。

ルペルチエとサン－ジュストの徳育モデル

一方、文化革命としての公民教育という点で最も注目されるのは、徹底した徳育中心主義を主張するミシェル・ルペルチエの「国民学寮」案であろう。王党派のテロに倒れた「革命の殉教者」ルペルチエの遺稿は、ロベスピエールの支持を受け、国民公会で彼によって読み上げられた。ルペルチエはこれまでの公教育論議が知育偏重に陥っていることを批判し、子供の生活習慣全体を陶冶《とうや》することをめざす全寮制の初等学校の創出を提起する。

共和国の市民にふさわしい新しい身体的・道徳的習慣を形成するためには、子供を古い習慣に染まっている親の影響力から隔離しなければならない。五歳から十二歳(女子は十一歳)までのすべての子供を国民学寮に収容し、「共和国の鋳型に投げ込む」ことが必要だと説いた。そこでは同一の衣服、同一の食事をあてがわれ、体育、徳育、労働実習を中心とした共和主義的国民教育がほどこされる。まさに本来の意味でのスパルタ教育である。

ちなみに、ロベスピエールの側近サン－ジュストはルペルチエの問題提起を受けて、さらに極端な徳育主義体制を夢想している。彼の遺稿『共和制度についての断片』から拾い読みしておこう。


男児の初等学校は農村におかれる。

男子は三歳から十六歳までむしろの上で寝させる。

女子は母親の家で育てられる。

五歳から十歳までの子供のための学校が農村に設けられ、地区ごとおよび小郡《カントン》ごとに一校おかれる。

学校には、革命の敵の財産を充当する。

五歳から十歳までの子供は、読み方、書き方、泳ぎ方を学ぶ。

彼らは四季を通して麻布を着用する。

彼らはパン、野菜、チーズ、水のみを常食とする。

十歳から十六歳までの子供のための学校が、地区ごとおよび小郡ごとに一校おかれる。

十歳から十六歳までの子供の教育は、軍隊式かつ農業的に行なわれる。

彼らは中隊に分けられ、歩兵と騎兵の訓練を受ける。彼らは言語を学び、収穫期には農場に配属される。

十六歳から二十一歳までの子供には技能を身につけさせる。この技能は農場や工場で実習を受け、教えこまれる。農夫、工場主、手工業職人、商人たちが彼らの教師である。彼らは二十一歳まで教師のもとに留まるものとする。さもなければ、市民権を一生剝奪される。

子供たちは厳格にしつけられ、寡黙に育てられる。大げさな言葉を使う遊びを禁じ単純な真理に慣れさせるようしなければならない(4)。……

公安委員会を率い、「テルールの大天使」といわれたサン－ジュストらしいスパルタ教育のスケッチだといってしまえばそれまでだが、もし導入されていれば……、と考えると思わず慄然《りつぜん》とさせられる。過度に厳格な道徳主義への期待、その教育への適用がどのような帰結をもたらすかということを、二十世紀末のわれわれは知ってしまったからである。

だが、これらの強烈な徳育偏重モデルは、ロベスピエールやダントンの支持を受けたにもかかわらず、けっきょく陽の目をみなかった。無償の全寮制は、実施に莫大な費用を要し財政的に不可能であったからである。また当時の子供は貴重な労働力でもあり、親から奪うのは下層民の生活基盤を危うくする、などの反対論も多数を占めた。じじつ、かわりに採択された通学制の初等学校法ですら、財政難と人材不足のため、革命期にはほとんど有名無実に終わっていた。

しかし、ルペルチエ案に代わって採択されたブキエの改革案においても、徳育重視の立場は維持されている。ブキエは公教育の概念を拡張的にとらえ、教育対象を子供から成人にまで拡大する法案を提起した。徳育の場は就学義務化された初等学校だけでなく、一般市民を対象とする政治集会、演劇、国民祭典などが広く公教育の体系のなかに組み込まれている。

とりわけ、国民祭典を徳育の一環としてとらえる見方は、すでに一七九〇年七月の連盟祭以来広く浸透しており、一連の市民祭典はたんなる娯楽ではなく、「真の学校」と見なされていた。国民学寮のように子供を隔離して「教化する」には、財政だけでなく一世代ほどの時間を必要とする。これにたいして祭典は、大人をも対象とする手っ取り早い実物教育の手段と位置づけられたのである。

3　徳育としての革命祭典

理性の祭典

理性崇拝の祭典は、一連の非キリスト教化キャンペーンの儀式化であり、いわば総仕上げであった。教育改革論議の沸騰とほぼ時を同じくする一七九三年十一月十日、ノートルダム大聖堂の内陣中央に山(モンターニュ)がしつらえられ、その頂上に「哲学に捧ぐ」という碑文をかかげたギリシア風の神殿が設けられた。四隅には、モンテスキュー、ヴォルテール、ルソー、フランクリンの胸像が建てられている。柏の冠を戴いた白衣の少女たちが、松明《たいまつ》を手にして山腹の「真理」の炎に敬意を表し、山頂の神殿へと列を成す。そのとき、神殿の中から一人の美女(オペラ座の女優マイヤール)が現われる。「自由と理性の女神」に扮して赤いボンネットをかぶった彼女は、白いドレスに青いマントをまとい、黒檀の槍を手にして緑の玉座に着く。

ついで理性の神殿に登場したアジテーターが、「狂信はいまや正義と真理に決定的に席を譲った。今後は司祭は存在せず、自然が人類に教えた神以外に神は存在しないであろう」と宣言した。シェニエの詩にゴセックが作曲した讃歌が聖堂いっぱいにこだまする。

降り給え、おお自由、自然の娘よ、
民衆は不滅の力を回復せり。
古き欺瞞崩れ落ち、その華麗なる残骸のうえに、
民衆はその手もて、汝の祭壇を再興せり。

来たれ、王を打ち破りし者たちよ、

ヨーロッパは汝らを凝視せん。

来たれ、汝らの勝利を偽りの神のうえに、さらに打ち立てん。

汝、聖なる自由よ、この神殿に住みて、
フランス人の女神たれ。(5)

あとは、群衆が狂喜乱舞する祝宴の場と化した。以後数カ月間、理性の祭典はパリの各教会をはじめ、諸県の主要都市で即興演劇のようにくりひろげられた。前出のアン県セイセルでのパントマイムと火刑の演出を想起されたい（九六ページ参照）。

十八世紀パリの生活情景の描写で知られるメルシエによれば、その多くは民衆が反宗教劇を酒肴《さかな》に痛飲し、熱狂的に乱舞するカーニヴァルのような様相を呈したという。

無数の人間のわめき声、ドラムの騒音、耳をつんざくトランペットの音、ごうごうたるオルガンの響き……。そこに居合わせたものは、まるでトラキア山上で行なわれたバッカスの酒宴にまぎれこんだかと錯覚するほどだった。

世辞と宗教の束縛からとつぜん解放された民衆はどうなるか。彼らはもはや民衆ではない。それは、神聖な場所でカルマニョールを歌いながら踊り惚ける、ヒステリックな下層民にすぎない。ほとんどズボンを脱いだ踊り手たち（私は誇張していない）は、胸をはだけ、靴下をひき下ろした格好でぐるぐると旋回した。彼らは、破壊と恐怖をまき散らす嵐の前兆であるつむじ風をまねているのだ。

図 26　理性の祭典　『パリの革命』215 号より.

群れをなした娘たちは、恥じらいもなく男たちを追いかけまわした。彼女たちの駈けてゆく足音がたえまなく響きわたった。聖歌隊席にはテーブルがいくつも並べられ、そのうえには、酒瓶、ソーセージ、パテ、肉などがところ狭しとおかれていた。……七、八歳の子供たちもいたが、男の子も女の子も自由を実践するために皿のうえに手をのばした。彼らは酒瓶に口をつけさえした。子供らが酔っ払うさまは、あさはかな大人たちの笑いをさそった。

おびただしい群衆が、聖職者席や礼拝堂の欄干が燃やされるのを見て興奮した。パリはジャコバン・リーグの宗教行列を息をのんで見守るばかりだった。火刑の儀式を終え、酒と血に酔い痴れた理性の司祭や巫女たちは、よろめきながら彼らの不浄な神が乗る山車のあとにつき従った。そのあとには、もう一台の山車——盲目の楽士たちからなる移動オーケストラ——が行進した。この時代の理性に、これ以上似つかわしいイメージはない[6]。

アナーキーな「理性神」たちのご乱行に、メルシエの筆も侮蔑的な調子になっている。ともあれ、聖像破壊とマスカラードの体系化ともいえるこの革命祭典が、伝統的なフォークロワとしての祝祭と出会い、たがいに融合した瞬間である。

ロベスピエールと最高存在の祭典

しかし、霊魂不滅を信じる「廉潔の士」ロベスピエールにとって、革命祭典はこのように無神論的でアナーキーなものであってはならなかった。それは、カーニヴァルのような前近代的民俗の再生ではなく、「新しい人間」共和主義的公民を創るための公教育の一環なのであった。単一にして不可分な共和国の基盤は、徳性を備えた民衆にあり、その徳性は信仰無くして育まれえない。「無神論はアリストクラティックである。……もし神が存在しないなら、それを創り出さねばならない」と主張する。一七九四年五月七日、すでにエベール派を粛清したロベスピエールは、国民公会で「最高存在」(神)の崇拝を呼びかける演説を行なった。

世界は変わった。世界はなおも変わらねばならない。……物質の次元ではすべてが変わった。精神と政治の次元でもすべてが変わらねばならない。世界の革命の半ばが達成された。残る半分も完遂されなくてはならない。……市民社会の唯一の基礎、それは道徳である。……フランス革命は徳の確立をめざしているが、それは犯罪の支配から正義の支配への移行にほかならない。

……いったいだれが、神は存在しないと人民にむかって告げる任務をきみに課したのか。……人間が無であるとする観念は、人間が不滅であるとする観念よりも純粋で崇高な感情を抱かせるであろうか。……人間の権威の不備を補うもの、それは、人間よりも優れた力によって道徳律にもたらされる「報い」という観念を魂のうちに刻みこんでくれる宗教の感情である。それゆえ、いまだかつていかなる立法者が無神論を国民のあいだに広めようとしたのか、そのような例を少なくとも私は知らない。

真実であるのは、最も賢明な立法者たちには、無知な人民の想像力に働きかけるためであれ、人民をより強固に制度につなぎとめておくためであれ、真理にいくらかの虚構を混じえるのが許されているということである。リュクルゴスとソロンは神託に頼り、ソクラテスでさえ守護神の示唆というレトリックを用いている。……

道徳を永遠にして聖なる基礎のうえに据えようではないか。人間にたいする宗教的な尊敬の念を、人間の義務の深遠なる感情を人民に吹きこもうではないか。それこそが社会の幸福を保証する唯一のものである。……公教育はとりわけこのことを目的としなければならない。……共和国全体のために、全国規模の、より荘厳な祭典を行なおうではないか。[7]

ここには、ロベスピエールの政治的リアリズム、あるいは自生的民衆運動への不信感が如実に表明されている。こうして彼は、画家ダヴィッドに綿密なプログラムを準備させたうえで、一七九四年六月八日パリのチュイルリ広場(国民庭園と改名)とシャン・ド・マルス(レユニオン広場と改名)を中心に、数十万の観衆を動員して「最高存在」の祭典を挙行したのである。ダヴィッドの演出のなかから、その特徴的な部分をみておこう。

ダヴィッドの祭典演出

基本のひとつは、国民公会(ロベスピエール)と軍隊の指導による全住民の動員である。

オーロラが夜明けを告げたかと思うや、早くも軍楽の音がいたるところより響き、……友たちが、兄弟たちが、夫や妻たちが、子供たちが、老人たちが、そして母たちが抱擁しあい、神の祭典を飾り祝おうとして足を早める。三色旗の吹き流しが戸外にはためき……鐘が鳴りわたる。住まいはすぐにもぬけの殻になるが、共和国の法と徳の庇護のもとにおかれる。街路や広場に人びとがあふれる。春の花で身を飾ったさまざまな集団が現われて生きた花壇となる。

……太鼓の音が鳴り響く。すべての様相が一新される。小銃で武装した青年たちが、それぞれの地区旗を中心に正方形の陣形をなす。……砲兵隊の号砲が出発のときを告げる。人民はジャルダン・ナシオナル〔国民庭園、旧チュイルリ広場〕に集結して、国民公会のために設けられた階段桟敷のまわりに整列する。

……国民公会のメンバーが登場し、議長が階段桟敷の中央に設けられた演壇に立つ。彼はこの厳粛なる祭典を執り行なうことになった動機を人びとに理解させ、自然の造物主を讃えるよういざなう。ついで議長は宣言する。人民はその歓喜にみちた声で歌を響かせよ、と。(8)

基本の第二は無神論の否定であり、「有徳の共和国」信仰を聖別する儀式であった。整然とした大合唱に続いて執り行なわれた祭式では、「無神論」を象徴する怪物の像が焼かれると「叡知《えいち》の女神」が姿を現わし、その横に「有徳の司祭」ロベスピエールが厳かに立つ、という理神論的な演出が施されていた。

この国民庭園でのセレモニーを終えると、参加者たちは男女別に二列の隊列を組み、「自由の女神」の待つレユニオン広場（結合の広場）まで行進する。幼年、青年、壮年、老年という四つの年齢階梯を代表する者が行進の中心になる。彼らのあいだには「花飾りで覆われた四頭の屈強な雄牛が山車を引いてゆく」。**図27**のように、旧シャン－ド－マ

図 27　レユニオン広場での最高存在の祭典

ルスの広場には、民衆を動員して造られた巨大な山ができていて、「祖国の祭壇」と命名されていた。その頂上に立つのは「自由の木」である。シェニエとゴセックの「最高存在への讃歌」が広場の空にこだまし、老若男女の各世代は友愛を確認しあい、それぞれに共和国防衛の決意を新たにする。

再度ダヴィッドのスケッチを引こう。

国民の復讐の念を代弁し、共和主義者たちの勇気を燃え上がらせる砲兵隊の一斉射撃が大きく響いて、栄光の日の到来を告げる。大砲の音に応じる男性と戦士の歌は勝利のさきがけである。すべてのフランス人が友愛の抱擁のなかにおのが感情を溶かしこむ。彼らはもはやただ一つの声となり、その「共和国万歳！」という満場の叫びは神に

まで達する。(9)

理性の祭典では、エベール派のショーメットやクローツの呼びかけがあったとはいえ、サン＝キュロットの活動家たちや民衆の統制されない民俗的エネルギーの発露がみられた。これにたいして、最高存在の祭典は、ダヴィッドのプログラムにみられるように、軍隊を動員して祖国防衛の意識昂揚を兼ねた、官製の臭い濃厚なものであった。あえていえば、エベールやダントンを粛清した「テルールの司祭」の指令によって周到に練られた、より目的意識的な市民宗教の儀式にほかならなかった。

たしかにそれは、新しい政治文化の創造という点では、非キリスト教化運動の頂点を示すものといえるだろう。だが、同時にそれは、民衆運動のエネルギーの奔流を抑制し、公民道徳の秩序を方向づけようとする性格を合わせもっていた。そしてロベスピエールはこの試みに成功した。しかし、それはまた革命運動を支えていた下からのエネルギーをも収束させる結果となった。二カ月足らずのうちに訪れた彼の失脚とともに、一連の壮大な「文化革命」の波も急速に退潮しはじめる。

4 「習俗の革命」は成ったか?

傷ついた教会と宗教的心性の変化

革命期の混乱が人口動態や経済・文化活動にもたらしたコストと停滞を数量的に呈示して、フランス革命の意義を否定しようとする議論が近年また盛んになっている。ルネ・セディヨの『フランス革命の代償』に代表されるこのような主張は、行き過ぎた革命神話を払拭するうえではある程度有効かもしれない。だが、革命期の歴史現象がすべて数量的分析になじむわけではない。とりわけ政治文化や習俗の変化を問題にする場合には、より長期的な視野に立った質的・構造的変化に目を向ける必要があるだろう。

非キリスト教化運動にともなうヴァンダリスムは、たしかに多くの貴重な文化財や人材を失わしめた。導入されたもろもろの制度的改革も短期的にみれば必ずしも根づいてはいない。だが、むしろここで問われるべきは、それにもかかわらず、革命期の一〇年(あるいは第一帝政期を加えた四半世紀)は人びとの習俗、集合心性、社会的結合関係などに根本的な変化をもたらしたのか否か、という構造的変化にかかわる問題である。もとよりここでは、この変化についての道徳的価値判断や経済的得失勘定は考慮の外におかれる。

非キリスト教化運動を頂点とする革命期の経験は、アンシァン・レジーム下の文化統合のかなめであったカトリック教会に、当分のあいだ回復不能に近い人的打撃を与えた。三万人をこえる聖職者が亡命、聖職放棄、妻帯などによって持ち場を離れ、その多くはふたたび戻ってはこなかった。しかも新しい聖職者を養成する機関(神学校)が一〇年以上も閉鎖されたため、帝政期の復権に続く復古王政下の再キリスト教化があったとはいえ、十九世紀前半の教会は欠員補充もままならなかった。

司牧なき小教区、放棄された司祭館、洗礼も終油も受けられない信者たちの存在。王政復古がなった一八一五年には、**図28**のように、司祭のいない小教区が全国に傷跡を残し、それらの地域では長期的な脱キリスト教化傾向が定着していった。また、宣誓拒否や運動への抵抗が、地域的アイデンティティを覚醒し、以後の政治的スタンスを深く規定したブルターニュのようなケースも少なくない。それらは二十世紀後半にまでおよぶフランス政治風土の地域偏差の原型を形づくったのである。

これらの現象は、当然のことながら、宗教的実践の後退をうながさずにはおかない。トータルとしてはもちろん、宗儀にたいする男女の性別格差をも助長した。復活祭での聖体拝領を男性信者が忌避する傾向が加速された。このことは、「女は教会、男は居酒屋」という、十九世紀におけるソシアビリテ(社交)の場の基本的構図をもたらした。革命はまた、日常生活サイクルの中心としての教会の比重を著しく減殺した。都市部をは

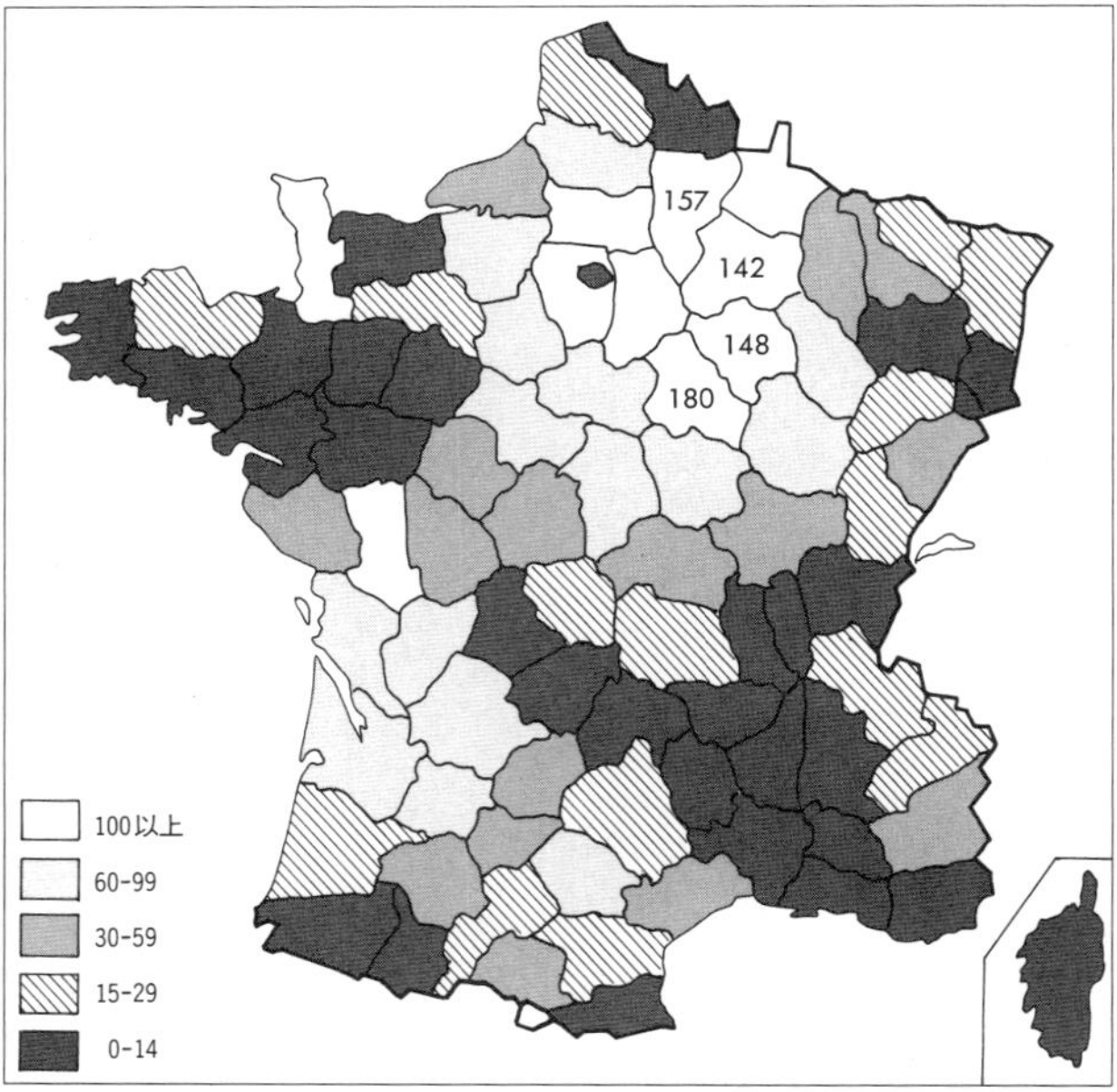

図 28　聖職者不在の小教区の分布(1815 年，県別)

じめとする、世俗婚、世俗葬の増大は、人びとの結婚や死(ひいては生)にたいするまなざしの変化を物語っている。さらに重要なのは、地方自治体と戸籍法の定着が教会の戸籍業務からの撤退を余儀なくし、その公的地位の後退を決定的にしたことである。

これらの変化を綜合すると、大革命の一〇年は、アンシァン・レジーム下からすでに始まっていた長期波動における脱キリスト教化現象に強烈なインパクトを与えて加速し、一部で再キリスト教化や地域主義の覚醒といったデフォルメをともないながら、癒しがたい傷跡(トラウマ)として定着させていったといえるであろう。

積み残された教育改革——未完の革命

しかし、「モラルの教師」としての教会が公的社会に復権するための手がかりはまだ残されていた。それは初等教育の領域であった。先にみたように、テルールの高揚のなかで見通しもなく法制化された徳育偏重モデルは、ほとんど実体化する暇もなくテルミドールで崩壊した。総裁政府下の一七九五年十月、「九五年憲法」の一環として公教育組織法が成立し、ようやく教育法制の混乱にいちおうの終止符が打たれた。提案者の名をとってドヌー法とよばれるこの法令は、一面ではコンドルセの自由主義と知育中心体系を継承していたが、基本的なところで大幅な後退と修正を意味するものとなった。

コンドルセの重視した教育の機会均等と無償制からはほど遠く、初等教育も有償となり、しかも中高等教育とのあいだには大きな断絶が設けられた。重点はもっぱら中央学校の整備にあった。ドヌー法自体は一八〇二年ナポレオンによって廃止されたが、それは十九世紀全般を通して支配的であったエリート主義的複線教育体系の確立を準備するものとなった。

中央学校はナポレオンの学制改革によって国立の中等学校「リセ」として整備され、エコール・ポリテクニクをはじめとする超エリート高等教育機関「グランド・ゼコール」への道を開くものとなってゆく。他方、無償でも義務でもない初等学校は整備されることなく放置された。コンコルダートで教皇庁と和解したナポレオンは、やがて教育修道会の復活さえ承認するにいたる。

けっきょくのところ、第一共和政と帝政は、エリート教育の核となる中央学校(あるいはリセ)とグランド・ゼコール、それにユニヴェルシテ(帝国大学区制)などの世俗系システムを生み出しはしたが、初等教育の世俗化は放棄したのである。このことは、今世紀まで続く反教権闘争に大きな火種をのこす結果となった。以下でみるように、教育の世俗化をめぐる国家(共和派)と教会との熾烈なヘゲモニー争いは、十九世紀フランス史に鮮烈な通奏低音を提供することになるであろう。

出典

（1）M・ヴォヴェル(谷川・天野他訳)『フランス革命と教会』人文書院、一九九二年
（2）Figuères, R. de, *Index des noms révolutionnaires des communes de France*, Paris, 1896.
（3）「ファーブル・デグランティーヌによる国民公会への報告(一七九三年十月二十五日)」(富永茂樹訳、河野健二編『資料フランス革命』前掲)
（4）サン－ジュスト「国民教育案」(谷川稔訳、河野編　同資料集)
（5）Aulard, A., *Le culte de la raison et le culte de l'Être suprême (1793-1794)*, Paris, 1892, pp. 54-55.
（6）立川孝一『フランス革命』中公新書、一九八九年
（7）ロベスピエール「最高存在の崇拝について(一七九四年五月七日)」(富永茂樹訳、河野編、前掲資料集)
（8）ダヴィッド「祭典の計画(一七九四年六月六日)」(同訳、同資料集)
（9）同書

第四章　十九世紀の「村の司祭」と「田舎教師」

1　復権する教会と「村の司祭」

ナポレオンと教会

卓越したリアリストであったナポレオンは、大衆のなかにひそむ移ろいやすいファナティスムと抜きがたい保守性という、あい矛盾する性格を知りぬいていた。当面の課題は革命期の混乱を収拾し民心を安定させること。そのためには、教会組織のもつ根強い民衆統合能力を利用することを、彼はけっしてためらわなかった。くすぶり続ける教区レヴェルでの対立を解消することは、復活をねらう王党派の民衆的基盤を切り崩すことにもつながる。さらに、フランスのヨーロッパ戦略を有利に展開するうえでも、ローマ教皇庁との関係修復は不可欠な布石と判断された。ただし、あくまでも国家のイニシアティヴのもとでの教区秩序の回復でなければならなかった。

国家に忠実な聖職者を得れば、従順な国民を手に入れることができる。そう確信するナポレオンの教会政策は、つまるところ世俗国家による教会の包摂を徹底的に追求することであった。一八〇一年七月、一年あまりの交渉の末に締結された政教協約「コンコルダート」は、皮肉にも、断絶の契機となった聖職者民事基本法を、より国家主義的に改編したものとみることもできる。ただし、「和解」の意志が前文で確認されているのはもちろんである。

「共和国政府は、カトリックにして使徒伝来のローマの宗教が、フランス市民の大多数の宗教であることを認める」。この宣言とひきかえに教皇はフランス共和国を承認する、というわけである。「国教」ではなく「大多数の宗教」というこの表現は、カトリック以外の宗派や宗教への寛容に道を開くものであり、ローマはけっして満足したわけではなかった。さらに、一七条からなる条文のほとんどにおいて、ヴァチカンの全面的譲歩の跡が認められる。

まず、革命以前の司教職の復権をもとめる教会にたいして、**図29**のように、六〇司教区への大幅な削減が提示されたが、これを飲まざるをえなかった。しかも「共和国第一執政が、大司教と司教を指名し、教皇猊下《げいか》は、フランスで定められていた既成の形式にしたがって彼らを叙階する」(第四条)ものとされた。ローマに許されたのは形式的な追認にすぎない。

「司教は職務につく前に、第一執政にたいして直接に忠誠を誓うものとする」(第六条)。「司教はそれぞれの教区を新しい小教区に区画する。この区画は政府の承認を得てはじめて発効する」(第九条)。「司教は主任司祭を任命する。ただし、政府の承認した人物しか選ぶことができない」(第一〇条)。こんなふうに、人事も教区の再編もほぼ政府の行政

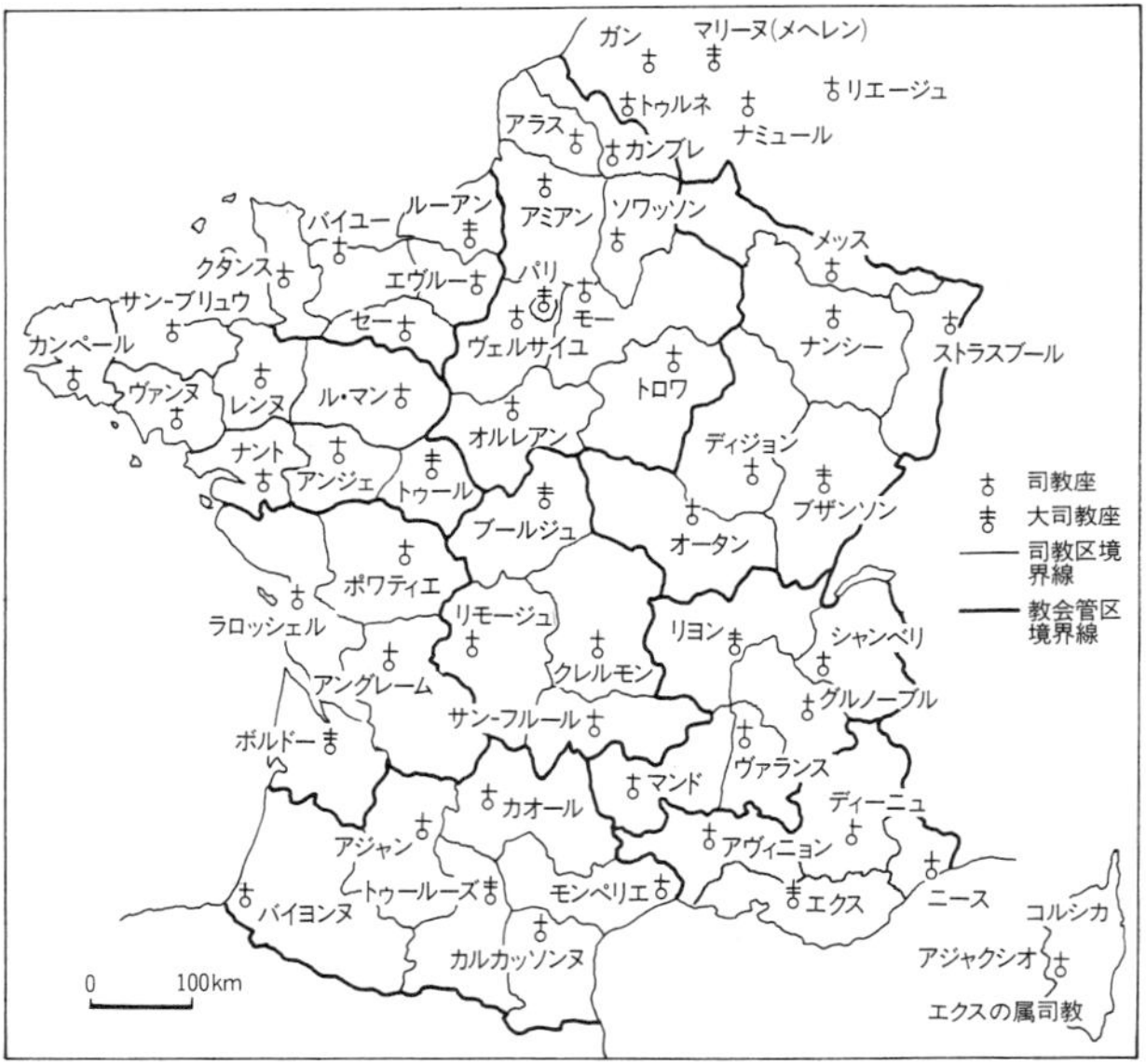

図 29　1801 年のコンコルダート後のフランス司教区

指導のもとにおかれた。また、教皇はすでに行なわれた教会財産の売却を承認し、返却請求しないことを了承した(第一三条)。司教と主任司祭には政府から俸給が支給され(第一四条)、国家公務員的に遇されることになった。

司教座聖堂参事会や神学校の再建は認められたが、そのための補助金などは支給されず、修道会の再建についても規定されていない。国家の世俗性はゆるぎなく、教会は完全に従属することとなった。さしあたり、フランスのカトリックには、これを復興への足がかりとする以外に道は残されていなかった。ちなみに、大革命前夜の小教区数およそ四万にたいして、このとき再建されたのは二万七〇〇〇区、一八〇七年に帝政当局は三万五〇〇〇の市町村数にたいして小教区数を二万九〇〇〇に限定したという。三割がたの削減であった。

復古王政下の再キリスト教化

一八一四年の第一王政復古は、カトリックに、待ちに待った報復の機会を与えた。五月三日、ブルボンの白旗が翻るなかを、パリに帰還したルイ十八世はただちにナポレオン諸法の停止をもとめた。コンコルダートの法的拘束力は一時解除され、革命期の教会財産売却は無効、修道院の再開が宣せられた。亡命者の帰国とともに各地でパニックが起こることが予想された。

しかし、六月四日に公布されたシャルト(憲章)では、さすがに革命期の国有財産取得を含めた所有権の不可侵が規定され、混乱の回避がはかられている。とはいえ、カトリックはふたたび国教となり、神授王権が正統性の原理として復活した。日曜(安息日)休日は義務化され、聖体祭(八月十五日)には各戸に飾り付けが命じられた。一八一五年一月二十一日には、掘り起こされたルイ十六世とマリー・アントワネットの遺骸(とされたもの)が、サン゠ドニ教会の王家の墓に移され、贖罪ミサの鐘の音が全土の教会で鳴り響いた。

ナポレオンのエルバ島脱出がそれ以上の「カトリック反動」にブレーキを掛けたというべきであろうか。あるいは、「にもかかわらず」というべきであろうか。第二王政復古下の一八一七年六月、コンコルダートをなんとフランソワ一世とレオ十世が結んだボローニャ協約(一五一六年!)の線にまで戻し、司教座を倍増することなどが新たに模索された。しかし、この新しい一八一七年協約は適用不可能だとして激しい批判を浴び、二年にわたる再改定交渉の結果、一八一九年八月けっきょくもとのコンコルダートの枠組みを維持することに帰着した。こうして、十九世紀初期フランスのカトリック聖職者は、王政復古にもかかわらず、ナポレオン法制の枠内に踏み止まることを余儀なくされたのである。

たしかに、復古王政末期の六年間(一八二四〜三〇年)つまりユルトラ王党派を率いるアルトワ伯がシャルル十世として君臨した時代には「カトリック反動」とよばれる状況が生み出され、フランス社会の再キリスト教化への期待を聖職者たちに抱かせた。たとえば、シャルル十世は中世以来の古式にのっとり、ランスのカテドラルで聖別式を執り行なった(**図30**)。新国王は大司教の塗油を受けて戴冠する。まさに王権神授説を象徴する儀式である。

各地で活発な伝道活動が野外キャンペーンのように展開され、教区民に「国王万

図 30　ランス大聖堂でのシャルル 10 世の戴冠式

歳！」を唱和させた。瀆聖禁止令が布告され（一八二五年四月）、当時頻発していた教会聖器の窃盗は、手首切断のうえ死刑に処せられることになった。一部では宗教裁判所も復活する。

しかし、「畏れと裁きの神」の全面的な復活を思わせるこれらの措置は、かえって人びとのなかに教権主義への反発をつのらせる結果となった。ランス大司教のまえに平伏するシャルル十世の姿は、民衆の共感を呼ぶものではけっしてなかった。一八三〇年の七月革命はこうした「カトリック反動」への拒否反応でもあったのである。パリでは反教権主義暴動が吹き荒れ、聖職者は僧服を着

図 31　復古王政下の野外伝道活動

て街路を歩くことができなかったといわれる。

「市民王」ルイ・フィリップの七月王政はカトリックの非国教化をもって始まり、反カトリック的ブルジョワ王政という性格を濃厚におびざるをえなかった。ふたたび野党に転じた教会は、七月王政の資本主義的発展と工業化社会への移行を金権的エゴイズムの支配として激しく批判することになる。第五章で論じる、二月革命初期の「カトリックと共和派との同盟」というねじれた関係は、こうした経緯を前提にしたものであった。

小説のなかの司祭

国政レヴェルの政治的プロセスが教会のスタンスをどのように変容させてきたか、という問題はこのあたりでひとまずおき、小教区レヴェルでの聖職者の役割に目を転じてみよう。アンシァン・レジーム下の小教区網が絶対王権の末端機構として機能し、民衆の日常生活規範を束ねる文化統合の要石《かなめいし》であったことは、すでに指摘した。大革命をへた十九世紀の司祭たちはそうした機能をもはや失ってしまったのでは、と考えられがちだが、むろんことはそう単純ではない。

たしかに、行政権力としての公的機能は町村自治体の役人に取って代わられたかもしれない。だが、「村の政治」のさまざまな局面で依然として発言力を保持した司祭が各地に存在したはずである。先にみた宣誓拒否率の高い地域ではとりわけそうであった。ナポレオンも期待した民衆教化の領域で、隠然たる道徳統制力を発揮したのはいうまでもない。したがって、地方農村での文化統合の担い手を、十九世紀中葉までのフランスにたずねるとすれば、人はまず「村の司祭」の姿を思い浮かべるはずである。

大革命期のあの公民宣誓をめぐる紛争、聖職放棄や妻帯の強制など一連の激しい非キリスト教化運動にもかかわらず、司祭は村びとを教化するモラル・ヘゲモニー上の優越的地位をいまだゆずりわたしてはいなかった。世紀の前半はことにそうであった。そのことは同時代を描いた多くの社会小説や歴史小説あるいは自伝小説などの舞台装置を世紀後半のそれと見比べてみれば一目瞭然である。

たとえば、のちにみるマルセル・パニョルやエミール・ゾラ、マルタン・デュ－ガールといった第三共和政期の作家の舞台では、学校教師にきわめて重要な役割が与えられている。他方、復古王政から七月王政期を扱ったバルザックやスタンダールの小説には彼らはほとんど登場してこない。かりに登場したとしてもまったくの端役でしかない。これにたいして、バルザックのあの壮大なシリーズ「人間喜劇」においては、司祭は舞台装置としてだけでなく、主要な登場人物としてほとんどの作品で重要な役割を与えられている。

たとえば、『トゥールの司祭』(一八三二年)、『村の司祭』(一八三九年)、『田舎医者』(一八三三年)など枚挙に暇《いとま》がない。とりわけ、『村の司祭』の主人公はリムーザン地方の寒村モンテニャック(架空の地名)の司祭という設定であるが、この神父ボネはラムネ派の傾向をもつ「善良なる司祭」(ボン・キュレ)の典型のように描かれている。清貧で慈悲深く、教区民の尊敬を一身に集める「村の父」というわけである。このボネ師は、彼のみすぼらしい教会を改築したらどうかというリモージュ司教秘書の勧めにたいしてこんなふうに答えている。

まったく残念なことですが！　私には貧しい者たちを救えるお金を教会のために

使う勇気がありません。貧しい者たちが、つまり教会なのです。それに、聖体祭の日に猊下がおいでくださるとしても私はすこしも心配していません。その時には、貧しい者たちが自分たちの持っているものを教会に寄進してくれます！

あなたは、教会の壁のところどころに釘が打ってあるのをごらんになりませんでしたか？　あれは金網の一種をかけるためのもので、女たちがその金網に花束を挿してくれるのです。それで教会はすっかり花に被いつくされ、花は晩までしぼまずに開いています。あなたの目には非常に殺風景にみえる私の貧しい教会が、花嫁のように装いをこらして、芳香を漂わせるのです。地面には葉の茂った木の枝がばらまかれ、そのまんなかに薔薇の花の道をつくって聖体秘蹟の通路にします。

この日には、私はローマのサン－ピエトロ大聖堂の豪華さといえども恐るるに足りない気持ちになります。サン－ピエトロには黄金があり、私のところには花があります！　人はそれぞれ自分なりの奇蹟をもっているものでしてね。たしかにモンテニャックは貧しい村です。けれども、それはカトリック教徒の村です。(1)

ちなみに、この小説の時代設定は復古王政末期から七月王政初期。舞台であるオート－ヴィエンヌ県では、**図11**で確認できるように大革命時の宣誓僧の比率がかなり高い。前半の舞台、県都リモージュを中心に政治・宗教的対立がその後も尾をひいていることがバルザックの叙述のなかにも見受けられる。

たとえば、もうひとりの主人公ヴェロニックの父はオーヴェルニュ出身の屑鉄商で敬《けい》虔《けん》なカトリックとして描かれているが、革命期の受難者であった。

　革命の真最中にも、ソーヴィアは日曜と祭日の行事を守っていた。彼は宣誓拒否僧のミサに参加したため、あやうく二度も首をはねられそうになった。ついには、ある司教の逃亡を手助けして命を救ったという当然の廉で、投獄されるはめになった。さいわい……脱獄することができたが、そのかわり欠席裁判によって死刑を宣告された[2]。

　こうした経験をもつ父は、娘に修道女の家庭教師をつけ、同じく敬虔なカトリック教徒として育て上げた。「彼女はしたがって、どんな小さな宗教上の勤めも最大の厳格さでもって遂行した。それで、自由主義一派はグララン夫人〔銀行家グラランに嫁いだヴェロニック・ソーヴィア〕を町の信心家の仲間に加え、ユルトラ〔過激王党派〕の一派に分類した」。

　また、この地方にはプロテスタントが少なからずおり、自由主義者の勢力が強いことを司教が嘆いているシーンも描かれている。じじつ、**図12**のようにこの県の宗教的実践率はかなり低い数値を記録しており、大革命のトラウマ（心理的傷跡）を今にひきずっている地域である。それだけに、ボネ神父のような「善き司祭」がもし実在すれば、カトリックにとってはまことに得がたい存在であったろう。

もちろん、バルザックはこんな立派な司祭ばかり登場させているわけではない。閉鎖的で頑固、利己的で出世欲と権力欲に凝り固まった聖職者像をたびたび描きだしている。だが、作家の想像力(創造力)にたよるのはいったん後回しにして、ここでは十九世紀の司祭像、とりわけ「村の司祭」の平均的イメージを、宗教史家が提供してくれるいくつかのデータに即して再構成しておくことにしよう。

司祭のカテゴリー

司祭とひとくちにいってもさまざまなカテゴリーと位階が存在する。いわゆる小教区付司祭のほかに、コレージュの教職司祭(prêtre-professeur)や施療院、監獄、軍隊などで従事する施設付司祭(aumônier)があげられるが、ここではとりあえず、聖職者の八〇%以上を占める小教区付司祭に限定して考察しておきたい。

小教区付司祭はおおまかにいって、(1)主任司祭(curé)、(2)外勤司祭・支聖堂区司祭(desservant, succursaliste)、(3)助任司祭(vicaire paroissial)の三等級に分かたれる。十九世紀の主任司祭は小郡《カントン》の郡庁所在地にのみ配置され、数的には一割強を占める(一八四五年で三三〇一人)。彼らは司教に任命され、その監督下にあるが、終身制のため身分はいちおう安定している。村の司祭というよりは「町の司祭」というイメージに近い存在である。

これにたいして(2)のカテゴリーは誤って助任司祭と訳されたりするが、郡庁所在地以外の小教区や分教区で聖務につく「ヒラの司祭」である。世紀半ばで、およそ三万人と七割内外を占めている。司祭職の主力を構成する彼らこそ「村の司祭」そのものであった。ただし、彼らは司教によって任命されるが終身身分ではなく、主任司祭の監督下にあってつねに配置転換の可能性にさらされている。アンシァン・レジーム下の司祭より十九世紀の司祭のほうが上級聖職者にたいする立場が弱いといわれるゆえんである。それでも、curé-desservant とも表記されるこのカテゴリーに属する聖職者たちは、村民にとってはりっぱに「司祭様」であったといっておかねばなるまい。作家たちも通例、彼らに desservant ではなく curé という表現を用いている。

残る(3)の助祭はおよそ二割程度(一八三七年で七一四八人)、主任司祭を補佐する任務だが、身分的には(2)よりさらに不安定で、収入も乏しく、ここでの主たる分析対象とはなりがたい。

収入・年齢・社会的出自と出身地

「村の司祭」たちの収入は、国家から支給される年俸と村からの手当、それにミサや冠婚葬祭にともなう喜捨や謝礼などから成っている。この臨時収入は村の規模や貧富の差によって大きく異なるため、総収入は赴任地によってさまざまである。比較のために、

「町の司祭」ともいうべき主任司祭の場合を先にみておこう。

主任司祭の公定年俸は二等級に分けられ、十九世紀初頭で一級は一五〇〇フラン、二級は一〇〇〇フラン(一八二七年に一二〇〇フランに引き上げ)とされた。総収入の一例をあげると、一八五〇年ナントのサン゠ピエール教区の主任司祭は、国から一五〇〇フラン、町から五〇〇フラン、臨時収入三一六〇フラン、ミサの謝礼四五六フラン、計五六一六フランの収入を得ている。

これにたいして、村の司祭の主力である desservant の年俸は、一八〇七年に規定された五〇〇フランから復古王政下でたびたび引き上げられ、一八三〇年には八〇〇～一〇〇〇フランとなってはいるが、主任司祭に比して赴任地の人口が少なく、村からの手当や臨時収入ははるかに低い。総収入でせいぜい一二〇〇～一六〇〇フランというのが通例とされている。村では中農レヴェルの収入に相当する程度だという。(3)の助祭の場合は、総計でも三〇〇～五〇〇フランほどしかなく、食べてゆくのが精一杯であった。

司祭の年齢層については、地方差、時代差が大きく、しかも統計が都市部を含めた数値になっているため、村の司祭だけの平均年齢を求めることは難しい。ただ、歴史状況から類推すれば、世紀全体を通した年齢層の推移は把握できる。まず、革命期の激動でリクルートが長期間途絶えたため、第一帝政から復古王政期にかけては高齢者が多数を占めざるをえない。しかも、欠員後の補充さえ行き届かず、**図28**のように司牧不在の支聖堂も少なくなかった。

世紀中葉には新しく叙任された司祭が多く、若返り現象がみられる。たとえば、一八四九年の支聖堂・外勤司祭(desservant)二万九一五二人のうち、六十歳以上は一〇九一人、つまり三・七四%にすぎない。農村部だけにしぼることができれば、いくらか高齢者比率が高まると予想される。たとえば一八五〇年頃のナント司教区では六十歳以上が一一%を占めており、平均年齢も四十四歳となっている。だがこの数値を高いとみるかは微妙である。というのも、平均年齢がほとんど意味をなさないからである。

ちなみに**表5**のように、一八三五年のブザンソン司教区オルナン郡に在籍した二〇人の外勤司祭のうち一二人(六〇%)までが三十歳代であり、六十歳以上は三人(一五%)を数えるのみである。平均をとればここも四十四歳強であるが、じつは四十歳代は一人しかいない。オルナンの司祭ボネですら三十二歳の若さである。余談だが、ここには、人文的事象をもっぱら統計的平均値でのみ議論することの危うさが、如実にあらわれている。

これにたいし、世紀末の一八九五年では、三万一〇〇二人の支聖堂・外勤司祭のうち、八三二二人じつに二七%近くが六十歳以上である。教会が勢力を回復するにつれて徐々に老齢化が進んだことがみてとれる。この傾向にはまた、一八八九年の聖職者召集法によって兵役免除特権がなくなったため、若者の志願者が減少したという事情も手伝って

表5　ドゥー県オルナン郡の支聖堂区司祭の年齢

支聖堂区の村名	人口	外勤司祭名	年齢
アマティ	370	クレルク	38
ボンヌヴォ	250	ヴォワラン	54
シャントラン	918	トロミエ	36
シャサーニュ	252	リジュロ	65
デュルヌ	1,038	ラシーヌ	36
フーシュラン	380	ドニゼ	34
ギィアン-デュルヌ	310	ベルナール	70
ロピタル	290	メルシエ	30
ロッド	920	ベリアール	37
ロンジュヴィル	360	ペロ	30
マルブラン	230	ビヨ	63
メレイ	330	グラン	32
モンジュソワイエ	620	ウィルマン	55
ムーチエ	986	プレラ	37
ソール	532	デクールヴィエール	58
セイ	503	ロラン	47
タルスネ	620	ミシェル	37
トレポ	535	ギイ	37
ヴィレール	234	ダルトワ	36
ヴィヤファン	1,250	ブレイ	55

注）オルナン町（人口3,000人）の主任司祭ボネは32歳.

表6　聖職者の社会的出自の変化（ヴァンデ地方，リュソン司教区の例）

社会的出自	1791年		1873-82年		1883-1912年	
	数	%	数	%	数	%
自由専門職 大商人 企業家	110	41.8	5	2.4	34	6.1
手工業者 小商人	79	30.0	96	45.7	257	45.8
農　民	57	21.7	78	37.1	183	32.6
下級官吏 労働者 農業労働者	17	6.5	31	14.8	87	15.5
合　計	263	100	210	100	561	100

いる。

出身階層については、**表6**の例にみるように、十八世紀には四割強もいた知的・経済的エリート層が大幅に減少し、プチブルか農民の子弟が大半を占めている。貧しい層にとって神学校はささやかながら社会的上昇のステップであったはずである。スタンダールの『赤と黒』の主人公ジュリアン・ソレルが想い起こされる。

出身地については、ほぼ生地と同一の司教区内に赴任しているといってよい。高位聖職者の場合は地元出身者に偏ることは少ないが、民衆とじかに接する司祭たちは地方言語にも通じている必要があったからであろう。のちに詳しくみるように、フランスでは十九世紀後半においてさえ標準言語による統一が成されていなかったのだから。

教会の鐘楼は村のシンボルだといわれる。生地を離れた人びとが故郷の情景を思い出すとき、真っ先に頭に浮かぶのが、村の教会の尖塔だという。その教会を司る司祭がそれなりの齢を重ね、人格的にも高潔であれば、まさに「村の父」とよばれるにふさわしい。さらに、場合によっては「魂の医者」と形容されることさえあった。『村の司祭』のボネ師のように、告解聴聞を通して村民の悩みに耳を傾け、彼らに人生の指針を与えたからである。司祭はまさに、今日いうところのカウンセラーの役割をもはたしていたわけである。

こうした精神的権威は別にしても、彼らは客観的にみてじゅうぶん「村の名士」に数えられる存在であった。ただ、村の名士性という点で村長などと比較した場合、司祭の弱点のひとつに家系の蓄積ができないことがあげられる。カトリックの聖職者は独身を通すという義務があったため、名望家の土着性がいくらか減殺されざるをえなかったのである。

この独身制というカトリック司祭の特質は、彼らの心性や性格類型に、ひいては村びとに与えるイメージに微妙な影を落としていたと思われる。たとえば、献身や禁欲にありがちな道徳的リゴリスム、頑固でファナティックな性格、時として起こる性的逸脱行為など、いくつかのマイナス・イメージが「村の父」にも同居していた。

また、彼らの生活感覚はおおむね保守的と見なされている。これは、現存の秩序を神の意志と見なす教養じたいの帰結であると同時に、カトリック組織のきびしい位階制がもたらしたものでもあった。上級聖職者への絶対的服従とへりくだり、町や村の富者へのおもねりなど、下級聖職者の生態は作家たちが好んで描くところであった。たとえば、バルザックの『トゥールの司祭』(一八三二年)は、「サロンのおかかえ」という彼らの習俗と、ヒエラルヒーをめぐる醜い葛藤を余すところなく描きだしている。

もっとも、舞台となった復古王政末期のトゥールは村ではなく、当時でも人口三万人前後を擁した地方中核都市であり、司祭と助任司祭はもとより司教総代理や聖堂参事会員まで登場してくる。したがって、村の司祭のイメージとはやや外れるが、地方聖職者の性格類型の描写としては興味深いものがあるので、参考までにみておこう。バルザックは、司教座聖堂参事会員への昇進争いに敗れる凡庸な助任司祭の相貌をこんなふうに描いている。

ビロトー師は愚昧なまでに人が好く、その教養といえば、にわか勉強で表面だけ間に合わせた、いわばメッキ物にすぎないところにもってきて、ついぞ社交界に顔を出したこともなく、女のことで苦労した経験もいっこうにない。町の寄宿学校や彼を高く買ってくれる二、三の美しいご婦人がたの懺悔聴聞僧として、とるに足りないささやかな良心問題を決定するのに忙殺されて、ミサと告解室のあいだに生きている。ビロトー師は柄の大きな子供と考えてよく、世の中の行事の大部分は、彼にとってはまったく無縁のことがらであった。ただ一つ、あらゆる人間に生れつき備わっている利己主義が、僧侶に特有の利己主義と地方で暮らす狭い生活からくる利己主義とにいっそうあおられて、無意識のうちにいつしか彼の胸に巣くい広がっていった。(3)

もとより、司祭の内面的な人間性にまで立ち入ることは、史家には許されていない。これはあくまでも作家バルザックの描いた、ひとつの類型である。ただ、富者へのおもねりは、司祭の生活が喜捨を中心とする臨時収入に依拠していることの結果でもある。聖堂内の指定席制、祝聖行列の序列、葬列などの謝礼に応じた格付けの存在、いわば「地獄の沙汰も金次第」といったこれらの慣習には、町村の日常生活の秩序がそのまま投影されているとみるべきであろう。このように、「カトリック的フランス」は着実に復権しつつあった。

2　草創期の「田舎教師」

フランス語は外国語？

第三章でみたように、文化革命としてのフランス革命は未完に終わっている。たしかに、非キリスト教化運動は教会に多大のダメージを与えはした。だが、世俗の規範にのっとった「新しい人間」を創るという課題はじゅうぶんにはたせなかった。初等教育の確立に失敗したため、民衆を「カトリック的モラルの臣民」から「近代世俗国家の共和主義的市民」に取って代えるという基本的課題は、つぎの世紀に持ち越されたのである。このことは同時に、国家言語の普及という国民統合上の大前提が手着かずのまま放置されたことを意味した。

大革命が目標とした「単一にして不可分の共和国」を建設するうえで、言語の分散状況は是が非でも克服さるべき課題だったはずである。じっさい、地方の革命を指揮するために国民公会から送り込まれた「派遣議員」たちは、この理解不可能な言語の壁になんども悩まされている。たとえば、ドイツ国境間近のアルザス・ロレーヌに赴いた派遣議員たちは、ドイツ語系言語が飛びかう地にあって、まるで敵国にいるような疎外感に襲われたという。一七九三年九月、ロレーヌに派遣されたクーチュリエは公安委員会への報告書にこう記している。

言うなれば〔当地の〕民衆はほとんどドイツ人なのだ。フランス語の知識をまったくもっていない。彼らは迷信深い。狂信の帯がとても分厚く、扇動者たちを遠ざけることができない。民衆の過ちを矯正するのは不可能だろう。彼らはフランス人を嫌っている。なぜなら、フランス人は不信心者であり、彼らが真の宗教だと信じるものの破壊者だと思いこんでいるからだ。(4)

今日では信じがたいことだが、革命政府の法令や布告は、いちいちアルザス語やブルトン語といった地方言語に翻訳されて伝えられねばならなかったのである。アンシァン・レジーム下でも、村の司祭らが地方言語で王令を伝えていたわけだが、民衆の政治参加はまったく視野になかったので、さして不都合はなかった。これにたいしフランス革命は、中間的な社団組織を排除し「法のもとの平等」を直接民衆(国民)に呼びかけて支持をもとめるという性格をもっていたため、言語コミュニケーションの確保は死活問題であった。

もちろん言語政策については議会でもたびたび議論されている。たとえば、立憲派僧にして国民公会議員であったアンリ・グレゴワールは、全国の言語状況について詳細なアンケート調査を行なったことでも知られている。彼は一七九四年六月、「方言の絶滅とフランス語普及の必要性およびその方法について」と題する公会への報告のなかで、つぎのような数値を紹介した。「農村を中心とする六〇〇万人のフランス人が国語を知らない。またそれと同数の人びとが片言しかしゃべれない。……(要するに)フランス語を正しく話せるのは三〇〇万人に満たない。正確に書けるのはそれよりはるかに少ない」。

当時の人口は約二八〇〇万人と見積もられる。グレゴワールのいう数値は、国語であるはずのフランス語が、パリを少し離れれば、ひとにぎりの知識人や支配層のあいだで

図 32　フランスの言語分布

しか通じないという衝撃的事実を物語るものであった。パリの革命家たちが地方オルグに赴いたとき、言語の壁で疑心暗鬼にとらわれた事情がよく理解されよう。バレールの有名な演説は、すでに地方言語を反革命の道具と決めつけていた。

「われわれは政府や習俗や思想を革命した。さらに言語も革命しよう。連邦主義と迷信はブルトン語を話す。亡命者と共和国への憎悪はドイツ語を話す。反革命はイタリア語を、狂信はバスク語を話す。これら災いをもたらす誤謬の道具を打ち砕こうではないか」(一七九四年一月二十七日)。

積み残された教育改革

十八世紀においては、中世北フランスのオイル語を起源とするフランス語は、パリ周辺地方をのぞけば教育を受けたエリート層の言語にとどまっていた。フランス語の国語としての確立は体系的な民衆教育の普及を待たねばならないが、すでにみたように、革命期の初等教育改革は挫折し、この課題は十九世紀に持ち越されていた。

しかし十九世紀に入っても、第一帝政、復古王政ともに初等教育を教会にゆだねたため、一八三〇年代においてなお、子供たちの多くは教区司祭や教育修道僧の手のうちにとどめおかれた。反カトリック的な七月王政になってようやく、世俗の小学校の設立とその教員養成が日程にのぼるようになる。

一八三三年に、各コミューン(市町村)ごとに一校の公立初等学校、各県ごとに一校の師範学校の設置を義務づけたギゾー法の成立がそれである。一八四〇年代には、じょじょにではあるが、師範学校出の世俗の初等教員が教壇に立つようになった。とはいえ、ここでも既存の教会系私立学校を公立校として認定することが認められたため、むしろ教会の影響力を強化する結果になった地域もみられたといわれている。

教師の職業的自立

したがって、十九世紀前半とりわけギゾー法以前の初等教員は、ほとんど独立的な職業と見なされていなかった。じじつ、農村の教師は司祭の助手、教会の堂守を兼ねているのが通例であった。授業といっても、ごく簡単な読み書きのほかは、教理問答や祈りの暗唱、聖歌の練習などが中心で、村の子供たちが初聖体拝領(およそ十二歳)を受けるまでの下準備といった内容にすぎない。教会で結婚式や葬式のあるときには、司祭助手の仕事が優先される。授業は休みで子供たちはミサの手伝いに駆り出されることもあった。

定収が法的に規定されているわけでもなく、生徒の親から卵や薪など生活物資の現物供与を受けるだけというケースもまれではなかった。農繁期になると、親が子供を学校にやらず、この施しに近い収入でさえ途絶えることがあった。彼らは教会の鐘つき、ミ

図 33　1830 年頃の教師と授業風景

サの手伝い、墓地の掃除などで糊口《ここう》をしのぐほかなかったのである。

一八三三年のある視学官報告では、「教師はほとんど物乞いと同義語だ」というショッキングな記述が残されている。このように不安定な状況では、彼らが司祭の手の内にあるのもやむをえなかった。

初等教員がこうした屈辱的な状況から脱却するには、さしあたり定収の保証と教員養成機関の整備という条件が不可欠であろう。先のギゾー法はこの点でひとつの転機となった。とりわけ、初等師範学校が各県に一校設けられるよう規定されたのは大きな意味をもった。師範学校はそれまでにもいちおうかたちだけは存在していたが、需要が増えて社会的に認知されるようになったのは、この七月王政以降のことである。

こうして、初等師範学校は一八三〇年の一四校から三七年には七四校となり、教師の最低賃金も年額二〇〇フラン以上と定められた。もっともこの最低年俸だけでは食べてゆけない。平均では三〇〇～四〇〇フランあったとされるが、先にみた助任司祭の三〇〇～五〇〇フランにもおよばず、収入面からはまだ職業として確立したとはいいがたい。それでも、七月王政末期に約四万人の教員のうち、九二〇〇人ほどを師範学校出身者が占めたように、世俗の教員志願者が着実に増え続けた。

師範学校の生徒には卒業後一〇年間教職につくと、兵役や奨学金の返還が免除されるという特典があり、下層階級の子弟にはこれも魅力であったにちがいない。また、教師は狭いながらも宿舎の提供を受けたし、教会の堂守だけでなく、村長秘書や役場の書記を務めることによる副収入も期待できた。世紀半ばには、なんとか「物乞い」の域を脱却するようになったといってよいだろう。

ちなみに、十九世紀後半の給与水準はかなり改善されている。第二帝政後半の自由帝政期には、ナポレオン三世の教会政策が大幅に転換し、世俗化的方向での教育改革が導入されたのにともなって教員の待遇改善がはかられた。すなわち六〇年代半ばには、デュリュイの改革によって最低年俸が引き上げられ、平均給与は七〇〇～九〇〇フランに上昇した。この額は、同時代の公証人(一二〇〇～一五〇〇フラン)、大工や指物工(九〇〇～一五〇〇フラン)などと比べるとけっして高くはないが、副収入と合わせればどうにか恥ずかしくない職業のレヴェルを確保できるようになっている。さらに、第三共和政下のフェリー改革(一八八〇年代初頭)以降、初等教員の最低年俸は一二〇〇フランに引き上げられ、手工業職人をわずかに上回る額が保証されるようになった。

田舎教師は小名士

師範学校生の社会的出自については、いくつかの不十分な統計しか残されていないが、農民、手工業者、教員の子弟でほぼ七〇～八〇％を占めていたようである。この時代、他の中等教育機関であるリセやコレージュに子供をやるには、初等教員や職人の年収を上回る多額の学費と、古典語を中心とした予備課程での学習が不可欠であった。こうした事情を考えあわせると、初等師範学校は下層階級の子弟に多少とも知的な職業に道を開く数少ないルートのひとつであったと思われる。とはいえ、師範学校で教えられる教育内容はさして高度なものではなかった。三年間で「読み・書き・計算」のいわゆる3Rを中心に、理科、数学、フランス史、地理、宗教、道徳などが加えられたものであったが、反動期においては教員免許取得に歴史や地理が不要とされることさえあった。

この程度の学力でも、識字率の低い当時の農村では、彼らの「科学的知識」はそれなりに威力を発揮した。とりわけ、彼らが従事した村長秘書や村役場の書記という副業は、教師の司祭への従属をある程度免れさせただけでなく、地域共同体における有能なアドヴァイザーとしての地位を固めるのに役立った。公証人や弁護士がおらず、村長の識字力がそれほどでない村では、繁雑化する書類の処理をはじめ、なにかにつけて「学校の先生様」(maître d'école)の助力がもとめられたのである。

都市の教師のような専門職化が進まなかったことが、田舎教師のレゾン・デートルをかえって高める結果につながったのは逆説的であった。もっと皮肉なことに、この傾向は教会勢力の初等教育への影響力が強まった一八五〇年代以降、顕著になっているのである。しかも、田舎教師のこの多機能的性格は、フェリー改革以後教師の待遇が改善され、社会的地位が上昇してからも薄れていないことに注目したい。たとえば、一八八四年には、全教員の六八％にあたる二万五〇七四人が市町村の書記を兼業している。この数値を都市部の教員をのぞいて換算しなおせば、田舎教師の圧倒的部分が書記兼業者であることがわかるであろう。

要するに、農村の場合は教職が専門職化せずにマルチ機能を固定化し、むしろそのことによって司祭への従属から解き放たれ、地域共同体における自己の小名士性を確保していったということである。のちにみる第三共和政下の田舎教師は、この綜合的な知的ヘゲモニーを武器に、村の政治で司祭と互角にわたりあってゆくようになる。とはいえ、この十九世紀の前半においては、教師の存在感はまだ薄く、受難の時代が続いている。そこで次章では、世紀半ばの一八四八年二月革命と第二共和政期（一八四八～五二年）における、司祭と教師のせめぎ合いの構図をみておくことにしよう。

出典

（1）バルザック『村の司祭』（加藤尚宏訳〈バルザック全集〉第二一巻、東京創元社、一九七五年）
（2）同上
（3）バルザック『トゥールの司祭』（水野亮訳〈バルザック全集〉第二〇巻）
（4）天野知恵子「フランス革命期の地方言語問題」（『和歌山大学紀州経済史・文化史研究所紀要』第一一号、一九九一年八月）

第五章　第二共和政期の司祭と教師

1　二月革命とカトリック

つかの間の蜜月

「パリは申し分なく平穏だ。ひとつの教会も、ひとつの修道院も、ひとりの聖職者も侮辱されていないし、脅かされてもいない。眼前の光景はまったく奇蹟だ」。一八四八年二月、ラムネ派の流れを汲む民主派カトリックのリーダー、ラコルデールはこう記している。いわゆる二月革命が勃発したとき、カトリックの聖職者たちは、大革命時のような反教権主義的テルールがふたたび吹き荒れるのではないかとの不安に駆られた。当然であろう。先の七月革命のさいは、僧服を着て街を歩くことさえできなかったという記憶も新しい。ところが、事態はまったく逆に進行した。

たとえば、二月二十四日チュイルリ宮を襲った群衆は、国王の礼拝堂から十字架と聖杯を運びだし、王宮近くのサン＝ロック教会へデモ行進した。掠奪のためではなく、十字架を世俗的な「市民王」ルイ・フィリップの手から、それにふさわしい神聖な場所に移そうというのである。

彼らのひとりは、「市民諸君、ひざまずきたまえ。キリストに敬意を！」と叫び、行

図 34　1848 年 2 月，サン－マルタン街のバリケード

進参加者は全員、聖職者の祝福を受けるまで教会を立ち去らなかった。そして街路では「キリスト万歳！　自由万歳！　ピウス九世万歳！」という歓声が響きわたった。蜂起した民衆はバリケード市街戦で瀕死の重傷を負った者に秘蹟を授けてもらおうと聖職者を探しまわった。パリ大司教アフル自らオテル・デューをはじめとする病院や施療院を訪れ、重傷者に終油の秘蹟を執り行なっている。

このようなパリ民衆と教会との交歓に続いて、三月初旬にはアフルが臨時政府を表敬訪問し、共和派とカトリックとの同盟関係が形成される。臨時政府首班のデュポン－ド－ルールは大司教にたいし、「自由と宗教は、ともにあい携えて仲良く生きるよう運命《さだめ》られた二人の姉妹」なのだと述べ、外相ラマルチーヌも「一八四八年の革命はキリスト教の発露」だと語った。そして公にも「あらゆる信教の自由を断固として維持する」ことを布告した。

七月王政とアソシアシオニスム

二月革命初期のこのような展開は、大革命期のあの激しい非キリスト教化運動、さらにはその後の根深い対抗関係を知るわれわれには、まったく予想外の現象であり、異例の事態といわねばならない。この「十字架と三色旗の蜜月」はどのような事情によってもたらされたのだろうか。

まず第一に、七月王政におけるカトリック教会の政治的位置である。先にもふれたように、七月革命はシャルル十世によるカトリック支配の復活にたいする異議申し立てに始まっている。七月王政はカトリックの非国教化をもたらしただけでなく、ギゾーをはじめ指導者にプロテスタントを多く戴く金融ブルジョワ王政という性格が強かった。しかも、おりからの産業革命の波及によって資本主義社会への移行が始まり、工業化と都市化による深刻な社会問題が発生しつつあった。野党となったカトリック教会は、この初期産業資本主義のレッセ・フェール体制が生み出す貧困や労働問題に積極的に取り組み、たびたび司教教書を発してブルジョワ王政の「金権的エゴイスム」を痛烈に非難した。

彼らの主張は、同時代に盛んであったアソシアシオン(協同組織)による社会変革を訴える諸潮流、俗に「初期社会主義」とよばれる社会運動と奇妙に重なるところがあった。サン－シモン派、フーリエ派、カベ派などの運動はおしなべて世俗宗教的性格を濃厚にしており、その理想社会を原始キリスト教的共同体への回帰と福音主義の実現として表現していた。

また、カトリック的社会主義を標榜するビュシェやアトリエ派は、個人主義的なプロテスタンティスムを、富の不平等を拡大し放置する「レッセ・フェール」の同義語と見なし、七月王政＝ギゾー体制の支柱だとして痛烈に批判した。さらに、ビュシェはロベスピエールの禁欲的モラルをカトリシスムの献身の徳と同一視し、フランス革命原理(ロベスピエール主義)とカトリシスムとの統一という、一見矛盾するような主張すら行なっている。

すなわち、社会的共和派につながるアソシアシオニストたちには、時代のロマン主義と福音主義的言辞の結合が共通してみられたわけである。七月王政下の反体制諸勢力にあまねくみられるこうした宗教性と、カトリック教会の社会・労働問題への接近とを考え合わせれば、彼らが七月王政打倒という共通利害で歩み寄ったことは、あながち不自然ではなかったのかもしれない。もちろん、より現実的な政治的利害が作用していたはずである。両者の政治的思惑が複雑に絡み合ったこの危うい蜜月は、いわゆる「自由の木」の植樹祭典とその後の運命に最も象徴的に表現されていると思われる。

自由の木

一八四八年三月二十日、シャン＝ド＝マルスを埋め尽くした数千の民衆は「カトリック万歳！　キリストの使者万歳！」と歓呼し、共和政の誕生を記念する「自由の木」の植樹に喝采《かっさい》をおくった。**図35**のように、枝の先に三色旗をくりつけた一本の木にカトリックの司祭がおごそかにミサを執り行なう。民衆は太鼓やファンファーレでもってそれを迎えた。この日から一週間ほどのうちに、パリの街区という街区で同様の植樹祭典がくりひろげられた。

ノートルダム大聖堂前の広場での祝典には、アフル大司教自らが立ち会い、「自由・平等・友愛」の精神を讃えた。それは二月革命の勝利を祝うロマンティックな祭典であり、共和派と教会の稀有な同盟を文字どおり象徴するものであった。このような祭典はパリだけでなく、数日のうちにフランス全土に波及し、ほとんどの町や村で催されたという。この時代を描いた作家フロベールは、『ブヴァールとペキュシェ』(一八七四〜八〇年に執筆された未完の遺稿)のなかで、その模様をこんなふうに描いている。

一八四八年二月二十五日の午前、シャヴィニョールの人びとは、ファレーズからきたひとりの男によって、パリ市街がバリケードに蔽われていることを知った。そ

図 35　自由の木の植樹祭典

して、その翌日には、共和政宣言が村役場に貼りだされた。……パリで自由の木が植えられたのにならって、シャヴィニョールの村会でも植樹祭典を行なうべしと決議した。

ブヴァールは、民衆の勝利で革命派への共感が満たされたのがうれしくてたまらず、自宅の木を一本寄付した。……

儀式の定刻前から、三人は行列の来るのを待っていた。太鼓が鳴りわたると銀の十字架がみえてきた。つづいて聖歌隊員のささげた二つの炬火が現われ、……祭式用の聖服をまとった司祭さんがやってきた。ミサ侍者の子供が四人つき従い、五人目の子供は聖水盤を持ち、聖器守りがそれに続いた。

司祭は三色の飾り紐をつけたポプラが立っている堀端にのぼった。正面には村長と二人の助役ベルジャンブとマレスコ、そして村の名士たち、ドーファヴェルジュ氏〔伯爵〕、ヴォコルベイユ〔医師〕、治安判事クーロンらの姿がみえた。ウルトーは警官の制帽をかぶり、新任の小学校教師アレクサンドル・プチは、晴着ではあるが緑色のみすぼらしいフロックコートを着込んでいた。……

司祭の訓話は、こんな場合にどの坊さんでもやるようなお決まりのものだった。彼は歴代の国王をきびしく非難したのち、共和国を褒めたたえた。この共和国こそは文人の共和国、キリスト教的共和国と呼べないだろうか。あれ以上に無垢なものはなく、これ以上に麗しいものはない。イエス・キリストはわれわれの崇高なる標語をはっきりと示したもうた。民衆の木とは十字架の木である。……

それから司祭は、神の恩寵を祈りながら小さな木に聖水をふりかけた。「この木がすくすくと育ちますように。そして、それがあらゆる隷属からの解放と、この枝葉の影よりも慈悲深い友愛の精神をわれわれに思い起させてくださるように！　アーメン！」

一同の声がアーメン！　と唱和した。そして太鼓が一つ鳴り響くと、司祭はテ・デウム〔神への感謝の歌〕を歌いながら教会へ引き揚げていった。

司祭がこのセレモニーに一役買ったことの効果はてきめんだった。単純な連中はそれを幸福の約束とみなし、革命派は自分たちの主義主張に与えられた敬意と賛辞だと考えた。(1)

2　カルノー法からファルー法へ

普通選挙をめぐる対立

しかしながら、この十字架と三色旗の蜜月は長続きしなかった。七月王政の「金権体制」批判については共和派と利害の一致をみたカトリック教会であったが、モラル・ヘゲモニーをめぐる対抗関係については覆い隠しようがなかった。われわれがすでにみてきたように、教育政策をめぐる両者の対立はとりわけ深刻であった。

しかるに臨時政府は、宗教・公教育担当大臣に元サン゠シモニアンのイポリット・カルノーを起用した。革命期の将軍で弑逆者《しいぎゃくしゃ》でもある大カルノーの次男イポリットは、カトリック・王党派の怨嗟《えんさ》の的となるにじゅうぶんであった。はたせるかな、彼は就任早々レイノーやシャールトンといったサン゠シモニアンの系譜を引くブレーンを集めて教育改革のための委員会を組織する。初等教育の無償・義務化という原則を確認し、そのための法改正を急がせる一方、ただちに初等教員の待遇改善を指示したのである。

カルノーはまた、憲法制定議会選挙が告示された三月初旬に、初等教員を「新しい共和国の使徒」と規定した大臣通達を各アカデミー区の長に送っている。とくに農村部の民衆に共和主義的市民教育をほどこす伝道者(聖職者)の役割を熱望した。そのために、わかりやすい問答形式(カテキスム)の道徳教育読本を編集させ、全国の初等教員に配布している。それらのなかには、いささか露骨なイデオロギー臭を発散させるものもみられた。たとえば、カント哲学者シャルル・ルヌーヴィエの編んだ『人間と市民の共和主義的マニュアル』の第七章には、こんな問答がある。

生徒――金持ちが無為徒食の存在であり、貧乏人が金持ちに食い物にされる存在であるような状況を、なんとかして防ぐ方法はないのでしょうか。

教師――もちろんありますとも。共和国の指導者たちが友愛〔の原則〕を真剣に適用しさえすれば、ただちにその方法は見つかります。それは他のあらゆる自由と同じく、所有権と資本の自由な使用に関わることです。法律でそれらを一定の枠内にとどめることができますし、またそうしなければなりません。相続権をそこなうことなく所有権を公共の利益のために制限できますし、資本の利益を廃絶せずとも、資本をひとが望むていどの小さなものにする方法をいくらでもとることができます。そうすれば、金持ちにも無為徒食が難しくなり、貧乏人も豊かになるための元手をかんたんに見つけることができます(2)。

こうして、社会的共和派の尖兵と目された世俗の初等教員のなかの過激分子は、ウール県師範学校長アルセーヌ・ムニエの主宰する『エコー・デ・ザンスティテュトゥール』(小学教師のこだま)誌などに結集し、文字どおり「共和国の使徒」として熱烈なプロパガンダを展開した。ムニエはじめ三二人の教師が制憲議会選挙に立候補したことでも彼らの意気込みを知ることができる。臨時政府による地方へのテコ入れは、内務大臣ルドリュ－ロランに派遣されたコミッセール(政府派遣委員)と、彼ら師範出の初等教員との共同作業として行なわれたのである。ディジョン、ナンシー、ルーアンといった地方都市では大学局も協力して教師の政治的組織化に取り組み、共和派候補への投票の取りまとめを文書で約束させたケースもあったという。

臨時政府のこのようなイデオロギー教育と露骨な選挙干渉にたいして、カトリック教会が深刻な危機感を抱いたのも当然である。パリや一部の地方の「赤い司祭」をのぞいて、王党派に近い教会主流派は総力をあげて巻き返しをはかった。先にみたように、地方農村では依然として司祭や名望家層の影響力には抜きがたいものがあり、教師が教会の堂守を副業としている教区などでは、コミッセールの指示に従うこともかなわなかったはずである。

司教たちも自ら票集めの先頭に立った。彼らは小教区司祭を一堂に集め、教会の推薦候補者リストを呈示して協力を要請した。コミッセールの残した告発文書によれば、司祭たちは、多くの場合、説教壇から推薦候補者リストを読み上げただけでなく、教区民の投票用紙に自ら記入したことさえあったという。たとえばヴォージュでは、それを裏書きする、このような証言をある司祭が残している。

教区で一〇票や二〇票を意のままにできない聖職者なぞ何者だろうか。一〇〇票ですら左右できぬ相談ではない。……すべての司教区で司教猊下自らの手で秘密委員会が組織されている。もっと上品にいえば、猊下の呼びかけによって組織されているのだ。(3)

投票日の四月二十三日は、おりしも復活祭の日曜日にあたっており、午前中のミサのあと司祭や村長を先頭に村びとが列をなして投票所に向かうといった光景が全国でくりひろげられた。選挙の結果は、周知のとおり社会的共和派の敗北、つまりコミッセールと教師の敗北であった。九〇〇議席のうち真性の共和派は一〇〇名足らず、過半数を制したといわれる穏健共和派も、その多くはいわゆる「翌日の共和派」であり、状況次第でいつでも立憲王党派に合流できる日和見的部分であった。ドゥーのコミッセールに宛てられたつぎの手紙の一節は左翼の苦い失望感を要約している。

農村では、われわれがあれほど望んだ直接選挙は絵空事にすぎなかった。司祭たちは彼らの教区民全体をまるで一人の人間でしかないかのように投票させているのです。(4)

すなわち普通選挙は、これまでの制限選挙下では考えられなかったほど大きな政治的影響力を、地方農村の小教区司祭たちの手にゆだねたのである。共和派の年来の主張であった普通選挙が、教会主流派つまりは王党派の政治力回復に一役買うことになったのは歴史の皮肉といわねばならない。

ファルー法体制の成立

普通選挙のこのような逆説的作用を目のあたりにした公教育相カルノーは、初等教育の世俗化による共和主義的市民教育の必要性をいっそう痛感し、法改正を急がせた。まだ六月蜂起の余韻さめやらぬ六月三十日、カルノーは制憲議会に初等教育の「無償・義務化」を定めた法案、いわゆるカルノー法を提出する。しかし、時節はすでに逆流していた。あの六月の民衆蜂起は「翌日の共和派」を震撼させるにじゅうぶんであった。アルジェリア侵略で名を馳せた共和派将軍カヴェニャックが、武装した民衆のバリケードに容赦なく砲弾を浴びせて鎮圧したことは、よく知られた事実である。

またこのとき、カトリック教会の社会的共和国との訣別を決定的にする事件も生起した。六月二十五日、パリ大司教アフルがバリケード上の民衆に和解を呼びかける途上で銃弾に倒れたのである。二人の司教代理に付き添われて、バスチーユ広場からフォブール・サン＝タントワーヌの最後の砦に向かったアフルを銃撃したのは、鎮圧軍か蜂起民

図 36　六月のバリケードと大司教アフルの死

衆かどちらの陣営か定かでないという説もある。

だが、いずれにせよ、教会と共和政との蜜月のシンボル的存在であった大司教の訃報は、各方面に衝撃を与えずにはおかなかった。教会内の保守派はもとより、自由派をも硬化させ、蜂起民衆への苛酷な弾圧を正当化する結果となった。また、元来はヴォルテリアンであり、明確な反教権主義者であったチエールのような自由派ブルジョワたちも、文化ヘゲモニーの問題ではあえてカトリックとの大同盟を選ぶようになった。チエールら保守的自由主義者にとっては、社会秩序の維持こそが大前提であり、そのためには、世俗的な科学教育はエリートやブルジョワ層にこそ望まれるが、民衆には科学や自由思想は不要であった。貧民には諦めと忍従の祈りを説く教会による教育こそがふさわしい、というのがチエールの発想であった。

カトリックと保守派ブルジョワの同盟によって外堀を埋められたカルノーは、議会で集中砲火を浴び、七月六日公教育相の辞任に追い込まれた。カルノー法は継続審議とされるが、年末には新大統領ルイ・ナポレオンの指名したバロ内閣の教育相として、なんと王党派のド－ファルー伯爵が登場する。イエズス会のロヨラをもじった「聖イグナチオ・ド－ファルー」という異名をもつこの新教育相は、翌年一月ただちにカルノー法を廃案とした。

カルノー法を葬り去るにあたってファルーらが依拠した論理は、まず財政的見地から「無償・義務化」は不可能であること、ついで社会的原理の点では、それが「家長にかえて国家をもってし、市町村の権威にかえて行政的中央集権化をはかる」ことにつながるため認めがたい、というものであった。後者の主張は一見、教育の自由や地方分権の擁護のように思われる。だが、じっさいは「家」を単位とした前近代社会の構成原理にもとづくものであり、プリュラリスムの主張というより、むしろ絶対王政下の社団的社会編成原理である「王権(国家)―教会―家」という文化統合システムへの郷愁が見え隠れしている。

ファルーは初中等教育にかんする審議会を議会の外につくり、のちにファルー法とよばれることになる新しい教育改革案の作成を諮問した。この審議会をリードしたのはチエールと自由派カトリックのモンタランベール伯爵、それにパリ司教総代理デュパンルーの三人であった。しかし、このファルー法の起草もことのほか難航し、原案作成に半年以上の時間を要している。共和派の息のかかった大学局の必死の抵抗とならんで、カトリック陣営内部にも、初等教育はもちろん中等教育からも大学局の権限をいっさい剝奪すべしと主張する非妥協派が存在したからである。

けっきょくいくつかの修正を受け入れて、この法案が成立したのはようやく一八五〇年三月十五日、一年と二カ月後のことであった。八五条におよぶファルー法の条文を逐一紹介するいとまはないので、改正のポイントを要約しておこう。

(1) 中等教育の「自由化」
(2) 大学局の形骸化と公教育高等評議会の設置
(3) アカデミーの細分化
(4) 初等教育における宗教教育の尊重
(5) 初等教育監督権の教会への大幅な委譲
(6) 初等教員資格の、聖職者資格による読み替えの容認
(7) 初等教員処分権のアカデミー長官への一任

(1)の中等教育の自由化というのは、従来大学局の監督下にあった公立学校一元体制を

廃止して、私立校との併存体制をとることを意味した。具体的には、修道会、とくにイエズス会の中等教育への浸透を可能にする、カトリックにとっては画期的なものであった。大学局については、ルイ・ヴイヨら非妥協派カトリックの要求した完全解体にまではいたらなかったが、その権限は大幅に縮小された。かわって新たにつくられた公教育高等評議会の構成は、そうとう部分、聖職者によって占められていた。

従来、二三しかなかったアカデミーも、県ごとに設置されて八六と四倍に膨れあがり、そのため知事や司教と同程度の権限にとどまるようになった。しかもこのアカデミー長官の資格が緩和されたために、カトリック聖職者もしくはその息のかかった人物が大量に任命されるようになった。初等教育についても、郡の視学官のほかに、市町村長や司祭に監督権が拡大されたのをはじめ、聖職者が私立だけでなく、公立校の教壇にまで進出してきたため、師範学校出の共和主義的教員の増大に歯止めをかけることになった。授業の始まりと終わりにはお祈りが課せられ、宗教教育用テキストの採用にも教会が全面的にかかわった。

司教に追われる教師

また、聖職者の息のかかったアカデミー長官による恣意的な処分権の行使が、カトリック教会による初等教育の支配をいちだんと強化する武器となったことも見逃せない。

この共和主義的教員の処分については、ファルー法以前に時限立法のかたちでパリュー法(小ファルー法)なるものが成立しており、二次にわたる選挙戦の報復ともいえる極端なレッド・パージが行なわれていた。

いわゆる「アカ教師」が何人狩り出されたかについての正確な数字はないが、いちおう公式統計によると、五一年十二月までにパリュー法の適用(県知事による処分)を受けた者が一一七三名(免職六七一、六カ月以上の停職一九九、六カ月未満の停職三〇三)と報告されている。これに、パリュー法以前に郡の教育委員会で処分されていたとされる約一二〇〇名、さらにファルー法によって懲戒権をえたアカデミー長官によるものを加えると、一八四九〜五一年にかけて少なくとも三〇〇〇人以上、おそらく四〇〇〇人近くの初等教員がなんらかの懲戒処分を受けたと見積もられる。当時の師範学校出の教員数がおよそ九二〇〇人であったことを考えると、ファルー法体制の重さが推察されよう。フロベールはこの状況を先の『ブヴァールとペキュシェ』のなかでこんなふうに描いている。少し長くなるが、臨場感もあるので今いちど紙幅を割いてみよう。

自由の木はいたるところで伐り倒された。シャヴィニョール村もこの指示に従った。ブヴァールは、彼の〔寄付した〕ポプラが細切れにされて手押し車で運ばれてゆくのを、自分の目ではっきりと見た。それは憲兵たちの焚火に使われるのだ。そして切り株は司祭さんにさしあげることにされた。それは彼がかつて聖別したものなのに！　なんたる馬鹿馬鹿しさ！

小学校の先生は自分の思想信条を隠さなかった。……「それに、私を支えていてくれるのはあれです！」それは、棚のうえにうず高く積まれた新聞だった。そして彼は、熱っぽく自らの信仰箇条を吐露してみせた。軍備の撤廃、司法官の廃止、賃金の平等……。

戸口のところに、司祭の黒い服が現われた。司祭は、居合わせた者に陽気にあいさつしたのち、小学教師に近づいてほとんどささやくような声でいった。

「聖ヨゼフ会の仕事の件はどうなりましたかな。」

「なんとも言ってこないんですよ」と学校の先生は答えた。

「それは、あんたが悪いのじゃ！」

「私はできるだけのことはしたんです！」

「ほう、ほんとですかな？」

………

「あんたは聖史を少しないがしろにしておいでとのことですな。」

「ほう、聖史ですって？　どういうところがいけないとおっしゃるのですかね、先生」とブヴァールがくちをはさんだ。

「私が？　そんなこと言いやしませんよ。ただ、〔旧約聖書の〕ヨナの逸話やイスラ

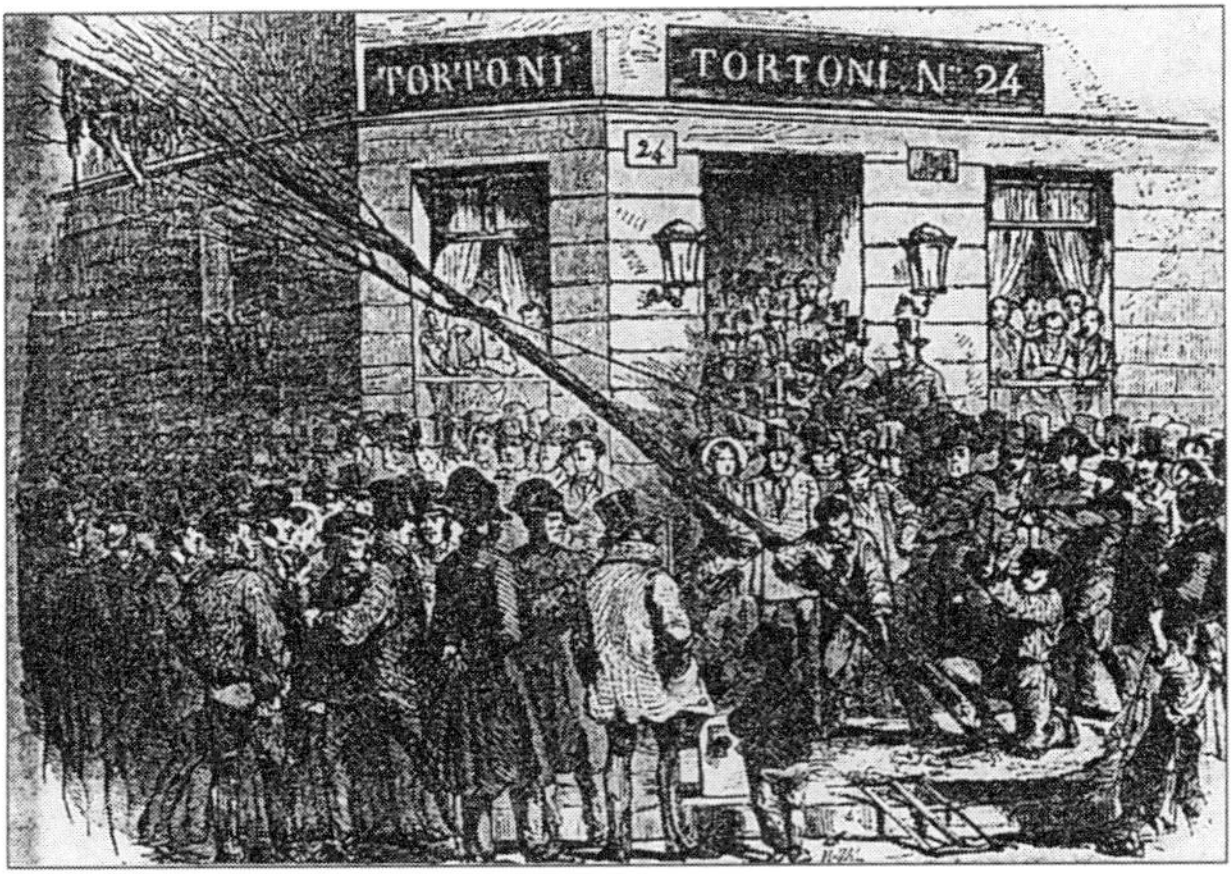

図 37　切り倒される自由の木

エルの王様の話よりは、たぶんもっと大事なものがあるだろうと思っているだけですよ。」

「勝手になさるがいい！」と司祭は素っ気なく答えた。……

そして、「教理問答の時間が短すぎると、皆がいってますぞ！」とつけくわえた。プチ〔教師〕は肩をすくめた。

「先生、ご用心なされや。寄宿生が一人もいなくなりますぞ！」この生徒たちの一〇フランの月謝は、この教師の一番の収入だった。坊さんは彼を苛立たせてしまった。

「しょうがない、仕返ししたいのならするがいい！」

「わしのような性分の者に、仕返しなんぞできませんな」と司祭は落着きはらって答えた。「わしは、ただ三月十五日の法令〔ファルー法〕で、小学校の監督権がわしたちの手に委ねられたのを、あんたに思い出してもらいたいだけなんじゃ。」

「そんなことは百も承知していますよ」と小学教師は叫んだ。……

「……さあ、気を静めて。すこし落ち着いて。もうじき復活祭じゃて。わしはあんたが他の人といっしょに聖体を拝領して、いい手本を示してくださることを望んでますのじゃ。」

「なんですって！　そいつはあんまりだ！　私が、この私がそんな馬鹿げた真似をしなくちゃならないなんて！」

この冒瀆的な言葉を耳にして、司祭は真っ青になった。眼がぎらぎら輝き、あごはぶるぶる震えていた。「お黙んなさい！　困ったお人じゃ！　お黙んなさい！

……」

「……でも、この程度のことで、学校の教師をくびにすることはできないはずだ！」

「よそへ左遷することはできますぞ！」(5)

3　民衆のなかの反教権意識

「告解」と民衆の生活規範

このような国政選挙での司祭と教師の党派的対立は、たんなる政治イデオロギー上の対立にとどまらず、全国津々浦々の住民の日常生活に密着した対立感情に深く根ざしたものであった。近代フランスの文化統合を考えるうえで、この点がきわめて重要であったと思われる。というのも、十九世紀フランス史研究者たちの一部には、一八八〇年代以前の地方農村は政治的にも文化的にも孤立分散していて、住民たちは国政上の対立とは無縁の日々を送っていたとみるむきがあり、反教権主義はそもそも都市ブルジョワや労働者のイデオロギーであって、地方農村の民衆には外在的なものだとする解釈があったからだ。だが、本書の読者にはもはやそうした認識の誤りは明らかであろう。

すでにみてきたように、司祭は村びとの生活規範に深くかかわり続けてきた。彼らは洗礼・結婚・葬送以外にも、初聖体拝領や堅信礼といったライフ・サイクル上の通過儀礼を司る者であった。また民間信仰や農耕儀礼をキリスト教的に意味づけすることによって取り込み、人びとの日常生活サイクルを規制する存在でもあった。

さらに、司祭のモラル・ヘゲモニーの武器となったものに「告解」の制度があげられる。告解とは聖職者が信者の罪の告白を聴き、神に罪の許しを乞う祈りを捧げるというシステム、いわゆる懺悔《ざんげ》である。司祭たちはこの告解を通して、村びとの日常的娯楽や近隣の人間関係、さらには夫婦生活の細部にいたるまで、アドヴァイザーとして立居振る舞った。このことは、司祭が人格・識見ともにすぐれ、村びとに寛容な態度で接しているかぎりは有効に機能したであろうが、そうでない場合は、しばしば民衆のなかに反教権的感情を育むもととなった。

イギリスの歴史家ゼルディンの紹介するパンフレットに「ダンスを禁止される村びとのための請願」という一八二〇年の史料がある。それによると、ある農村に新しく赴任した司祭が女性のダンスを禁止したために村びととのあいだに溝が生じ、それをきっかけに聖体拝領を受ける者の数が四分の一に減少したという。これは、告解でダンスをやめる誓いをしない女性に、司祭が罪の許しの祈りを拒否したことにたいして村びとが反発した事例である。このパンフレットの筆者は、女性が未来の夫になる男たちと公に踊ることが、告解という口実で「黒衣をきた若い男と密談する」ことより罪深いとでもいうのだろうか、と皮肉っている。

カトリックの道徳神学では、ダンスは劣情をそそるものとして禁止されていたが、そのほかにも俗謡、笑劇、青表紙本、大道芸、飲酒、喫煙など民衆娯楽全般にたいして、トリエント公会議以降の司祭たちが再三くちをはさんだことはすでに述べたとおりである。他方、十九世紀の農村では、まだところによっては若衆宿や娘宿、シャリヴァリといった伝統社会的な慣習が残っており、婚姻や性をめぐる共同体独自の規制が存続していた。

日曜日ごとの舞踏はもちろん、祭りの夜のダンスはことに盛り上がった。昼間はキリスト教聖人の徳を讃えるセレモニーであっても、夜は篝火《かがりび》を囲んで呑み、歌い、そして踊りまくる乱舞の宴と化した。今に残る六月二十二日(夏至)の聖ヨハネ祭はその典型である。禁欲的であることを強いられている若い司祭にとっては、苦々しく冒瀆的な習俗であったにちがいない。

こうしたささやかな民衆娯楽への規制とならんで、告解ではしばしば夫婦の性生活への介入が行なわれ、村びと(とくに男性)との溝を深める結果となった。この時代の神学校の教材として編まれた司祭向けのマニュアルによると、多くのトラブルの実例があげられ、性の問題に深入りすることが固く戒められている。このことは、悩みを抱えた女性信者が「魂の医者」たる聴罪司祭と性的関係におちいるケースが少なくなかったことを物語っている。

フロベールやゾラをはじめ十九世紀の小説には、しばしばこの種の描写がみられるのも周知のとおりである。歴史家ミシュレは、告解を「教会による民衆支配の道具」として鋭く批判したひとりであるが、彼の場合も妻との葛藤をもたらした個人的体験がモチーフとなっている。このテーマは多分に微妙な問題をはらんでいるので、これ以上の言及は差し控えるが、この制度が農村と都市とを問わず、民衆的反教権主義の深層心理を形成している可能性は否定できない。司祭の助言者としての機能は、つねに両刃の剣なのであった。

教会修復問題

行政レヴェルの問題では、対立の構図はさらに可視的となる。おもな係争点は教会の改修や墓地の増設をめぐる財政負担と管理権問題が中心であり、司祭と村長、教区参事会と村会がたびたび衝突している。

第二帝政期のドフィネ地方、イゼール県の事例を克明に追った史家マグロウによれば、帝政当局とカトリック教会との関係が良好であったはずの一八五〇年においても、この種の紛争が絶えなかったようである。たとえば同県のロンジュシャナル村では、一八五七年に司祭が教会の鐘を新しく購入するために寄付集めに奔走し、村長に教会の改修を要求した。

村の教会の管理権は村長にあり、改修となれば村会の同意をえて多額の費用を支出しなければならなかった。だが、以前からこの精力的な司祭の態度を快く思っていなかった村長は彼の要求を突っぱねた。このため、司祭はミサの説教壇から村長と村会を激しく非難しただけでなく、村会選挙でも村長派追い落としに暗躍した。村長は県当局に訴え、司祭の更迭をもとめるにいたる。村長の言い分を認めた知事は内務大臣に報告書を送り、然るべき措置がとられたが、司教は容易には司祭罷免の要求に応じなかったという。

司祭の実力行使の例も少なくない。たとえば、同じくフランス東南部イゼール県のサン=ジェルヴェという村では、かねてより新しい墓地の建設を要求していた司祭が、いっこうに取り組もうとしない村長の態度に業を煮やし、古い墓地の壁を取り壊すという挙に出た。司祭は村会の召喚にも応ぜず、墓地は教区参事会のものだと回答する。教会の建物や墓地はほんらい聖職者に属するとみるアンシァン・レジームの考え方が復活している。先にみた『村の司祭』のボネ師は、老朽化した教会や司祭館の修復を司教代理から勧められたとき、そうした費用があればむしろ村びとの福祉や慈善に充てたいと答えていたが、そんな良心的な司祭様ばかりではなかったのである。

村長との対立だけでなく、司祭が直接村びとから総スカンをくったケースも少なくない。アラン・コルバンがその著『人喰いの村』(一九九〇年)であげているペリゴール(フランス西南部)の私刑事件は特異な例としておくとしても、ここイゼール県のグランド=ランプ村での横領事件はさほど稀なケースでなかったとされている。一八六〇年、グランド=ランプ村の司祭バレ師は、火事の被災者のために教会で集めた義捐金《ぎえんきん》を着服した

図 38　イゼール県の旧司教区(アンシァン・レジーム下)と本書に関連するコミューンの所在地

として村びとの非難を浴びた。カフェや居酒屋はじめ、いたるところで替え歌やカリカチュアがバレ師を愚弄した。

このずる賢いペテン師さんよ
太鼓もラッパも鳴らさずに
破廉恥きわまるその腕を
聖なる喜捨のその上に
まこと上手に置きなさる(6)

行政当局の調査によって、二年後には横領の容疑は晴らされたが、その後も彼の失墜した信用は蘇ることはなかった。悪魔の角を付けたバレ師そっくりの司祭が『法律書』と『聖書』を踏み付けにし、「嘘つきで賞」と書かれた旗を振りかざしている戯画が村のいたるところに貼りだされた。ほとんどシャリヴァリである。司教は抵抗していたが一八六八年になってついにバレ師を解任せざるをえなくなったという。

このケースの理非はどちらにあったのか、本当のところは知る由もない。ただ、こうしたもめ事は特殊な事例ではなかったようである。司祭は教区参事会の予算を比較的自由にしており、それらが教会用物品の購入に恣意的に流用されるのはむしろ一般的であったといわれている。教会財産や寄進の帰属については、司祭と村長以下の村びととのあいだに避けがたい意識のずれがあったとみるべきだろう。

また、そこには大革命期の対抗関係が生み出した構造的ともいうべき心理的傷跡(トラウマ)の介在がみてとれる。革命期のドフィネ地方では、非キリスト教化運動の高揚と、それに抵抗する宣誓拒否僧への支持という対極的な動きが存在した。ここでは、一八〇二年まで四分の一以上の教会がまだ閉鎖されたままであった。復古王政期に帰郷した亡命貴族や聖職者が資産の回復を要求したため、両派の摩擦は絶えなかった。白色テロも横行したこの時期、荒廃した教会の修復を迫る司祭たちの実力行使は、村民たちに消し去りがたい聖職者不信の影を刻み込んだことを、当時の報告書は示唆している。いわば「民衆的反教権主義」というべきものが明確に形成されていたのである。

学校問題

十九世紀の反教権主義がたんに共和派のイデオロギーにとどまらず、農村においても日常的なモラルやヘゲモニーの問題として構造化されていたことは、以上の事例を通してある程度確認できよう。さらに、村の小学校をめぐる紛争に目を転じれば、この構造はいっそう明確になる。すでにみてきたように、村の司祭は、従来助手として足下においていた教師が自立しつつあり、しかもライヴァルでもある村長に接近し始めたことに少なからぬ脅威を感じていた。都市のみならず、農村民衆の教化でもヘゲモニーを失うことは、教会全体のレゾン・デートルを危うくすることにもつながりかねない。

ファルー法のおかげで聖職者が公立校の教壇に浸透することに成功したはずの第二帝政下でも、修道会系学校と公立校が併存する町や、世俗教師の公立校しか存在しない村では、司祭たちは公立校教師にたいしてしばしば過剰とも思える敵意を示したのである。ふたたびイゼール県の事例を見てみよう。

たとえば、県北部のサン＝ジァン＝ド＝ブルネという村では、教師と村長との同盟関係が成立しており、当地のユルスラ修道会と対立していた。一八五六年には、村当局による幼稚園設立計画を機にこの対立が表面化する。司祭は説教壇から教師を攻撃しただけでなく、公立校に通う生徒の家庭を戸別訪問し、息子を修道会系へ転校させないと初聖体拝領を受けさせないと母親を脅してまわった。このため、街頭では両校の生徒が衝突し、たびたび大立ち回りを演じるにいたっている。

この当時、初聖体拝領の拒否だけでなく冠婚葬祭にかかわるミサの拒否は、司祭の直接行動の常套手段であった。もっとも司祭たちのこの種の強硬姿勢は、司教の指示と貴族や大地主の財政的支援があってはじめて有効なものとなりえた。どちらの勝利に帰すかは各村のヘゲモニー状況次第であった。たとえば、同じイゼール県でも、ペアジュ＝ド＝ルシヨン村のように、村長が司祭と友好関係にある場合は、教師はひとたまりもなかった。逆に、教師が村長秘書ないし書記として有能であり、村民の信望を集めていた場合には、司祭のほうが村から遊離した。

たとえば、人口約一一五〇人ほどのラ＝ビュイス村では、一八六五年に、司祭が王党派の伯爵夫人から修道会系学校設立のための寄付基金をとりつけて村立世俗校の追い落としをはかっている。だが村会はこの申し出を拒否し、生徒の親たちも司祭の執拗な脅し(初聖体拝領拒否)にも屈しなかった。彼らは「熱心で献身的で人気のある先生」を支持し、県知事への請願書に署名した。

……私たちの地域は世俗の教育とともに生きます。そして、これを排除しようとするすべての抑圧はみじめな結果に終わるはずです。……世俗校が引きあげた場合には、私たちは子供たちを他の村の学校へやらねばならなくなります。……この村で世俗校による教育を存続させていただけるようお願い申し上げます(7)。

署名者は人口の六分の一にあたる二〇〇名にものぼっている。教師ボドが信望を集めることができたのは、夜間に六〇人以上もの大人を集めて開いていた成人学級の成功によるものとマグロウは分析している。

学校問題をめぐるこの種の紛争は、もちろんイゼール県だけの特殊事情ではない。程度の差こそあれ、ほぼ全国的にみられた現象であった。アンシァン・レジーム下で民衆教化のイデオロギー装置の役割をはたしていた教会は、大革命以後、かつての地位の挽回をめざして、ときどきの体制とたえず綱引きを演じてきたわけである。この課題はとうていローカル世界の枠組みに収まりきれるものではなかった。それは、いわば「日常生活のなかに構造化されている文化統合」の問題なのであり、国政レヴェルの「事件」はただちに、ローカル世界に塗り込められていた潜在的な権力構造を明るみにだすことになる。

いいかえれば、このモラル・ヘゲモニーをめぐる「村の司祭」と「田舎教師」との対立葛藤は、閉鎖的なはずの地方政治の枠をこえて全国ネットで結ばれ、「村の政治」を「国の政治」に連動させる環を構成したのである。その意味では、言語ネットワークの分立状況にもかかわらず、農村の政治文化的コミュニケーションは、一定の均質性をすでに獲得していたといえるであろう。

自由帝政下の転換

第二帝政は、民衆教化の主導権を教会にゆだねるという基本路線をファルー法から引き継いで出発した。カトリックは公的な信仰としての地位を回復しただけでなく、民衆の巡礼熱に象徴的なように、一部では信徒レヴェルでも信仰の復活現象がみられた時期とされている。もちろん、社会生活の世俗化という長期的な傾向を全面的に逆流させたとみることはできないが、少なくとも一八五〇年代の「権威帝政」といわれる時代には、カトリック・リバイバルの現象がみられたことは事実であり、教会が帝政との蜜月体制を謳歌《おうか》したのは疑いない。だが、この体制の亀裂は意外に早く、しかも「上から」もたらされた。

直接的契機は、政府のイタリア政策をめぐるヴァチカンおよびオーストリアとの軋轢《あつれき》である。ナポレオン三世の軍隊は、一八五九年六月、サルディニアのイタリア統一運動を支援してオーストリア軍をソルフェリーノで破った。当局の指示では、翌日にフランス全土の教会で「テ・デウム」(感謝の祈り)を歌い、祝勝の鐘を打ち鳴らすことになっていたが、司祭の多くは教皇国家への敵対に抗議してこれを拒否した。たとえば、北仏ノール県のオビニー－オー－バック村の外勤司祭は、テ・デウムのかわりに「デ・プロフンディス」(深き淵より)を歌わせたという。つまり、ソルフェリーノで戦死したオーストリア兵を悼む「死者のための鎮魂ミサ曲」である。イゼール県その他でも同様の報告が残されている。司教の指示とはいえ、ミサの説教壇から政府のイタリア政策を批判する「村の司祭」の態度は、かつてオーストリア軍の占領下におかれた(一八一五年)ことのある国境地帯では、村びとの動揺をさそわずにはおかなかったはずである。

フランスの教会はほとんど王党派に加担してきたが、このたびも政治にコミットしすぎたようである。帝政の教会にたいする態度を大幅に転換させ、聖職者の文化的ヘゲモニーの根拠を揺るがせる結果となった。一八六〇年には七〇人以上の司祭が反政府的態度をとがめられ、予審の対象とされている。いわゆる自由帝政への転換が最もドラスティックに現われたのは、対教会政策であり、やがて反教権的な共和主義者ヴィクトル・

デュリュイの公教育相への登用にいたることとなる。フェリー改革の先駆者ともいうべきデュリュイが、六〇年代後半に導入しようとした教育政策は、教会の激しい反発をまねき、政教間の緊張をいちだんと険悪なものにした。それはまた、教師や村長のみならず一般民衆の反教権的意識を目醒めさせる結果となった。

一八七〇年の第二帝政の崩壊は、従来からあった共和派のイデオロギー・レヴェルでの反教権主義と、こうした教区レヴェルでの「草の根」反教権意識とを合体させる重要な契機となったのではあるまいか。第三共和政になってからも、七七年の王党派のクーデタ(五月十六日事件)に教会が加担したことによって、この対立はさらにいっそう深刻化する。フェリー法はこの民衆的反教権主義の延長上に位置していたことも忘れてはならない。この意味でも、一八八〇年代以降の教育世俗化政策は、一部でいわれるような、農村民衆にとって外在的なものと見なすのは適切ではないだろう。「国の政治」における対立は、「村の政治」のなかに恒常的な火種として奥深く組み込まれていたのである。

出典

(1) フロベール『ブヴァールとペキュシェ』(新庄嘉章訳〈フローベール全集〉第五巻、筑摩書房、一九六六年)
(2) Renouvier, Ch., *Manuel républicain de l'homme et du citoyen*, Paris, 1848, rep. 1981,

p. 97.

（3）Coban, A., *France since the Revolution*, London, 1970, p. 70.

（4）*ibid.*, p. 72.

（5）フロベール『ブヴァールとペキュシェ』(前掲)

（6）Magraw, R., The Conflict in the Villages: Popular Anticlericalism in the Isère (1852-70), in Th. Zeldin (ed.), *Conflicts in French Society*, London, 1970, p. 179.

（7）*ibid.*, pp. 203-204.

第六章　第三共和政下の学校と教会

1 国民統合の旗手——共和国の司祭

建国神話の創生

大革命以降、顕在化した「ふたつのフランス」あるいは「さまざまなフランス」が、「単一にして不可分なフランス」を最も意識的にめざすようになったのは、おそらく一八八〇年代であろう。それは、革命一〇〇周年を間近に控えた第三共和政の確立期にあたる。一八七〇年代には王政復古の影におびえつづけた共和派の指導者たちも、これを乗り切るといっきに攻勢に転じ、共和主義的「国民」の形成に全力を投入した。

共和政を確固たるものにするには、人びとが意識的・無意識的に準拠する共通の文化規範と集合心性が創り出されねばならない。このいわゆる文化統合のためのシンボル操作の源泉となったのが、フランス革命期の集合的記憶であった。たとえば、バスチーユ襲撃の日にあたる七月十四日は建国記念の祝日とされ、一八八〇年以降「七月十四日祭」として華やかな祭典と軍事パレードで祝われるようになった。今日のパリ祭の起源である。

バスチーユよりむしろ連盟祭(一七九〇年)を想起させるこの国民一致の祝祭では、前年国歌に制定されたばかりのラ・マルセイエーズがさかんに歌われ、七月革命いらい国旗とされていた三色旗がパリの街頭に彩りを添えた。ラ・マルセイエーズが革命期の義勇兵によって歌われた軍歌もしくは革命歌であったことはよく知られている。同じく革命期に唱えられた「自由・平等」という攻勢的スローガンに「友愛」という和解の合言葉が加えられて、共和国を象徴する三位一体の標語が広場の彫像や公共建造物に刻みこまれるようになったのも、この一八八〇年代以降のことである。

これらの建国神話の創出には、歴史学もまたおおいに参画している。一八七〇年代にはガブリエル・モノー、エルネスト・ラヴィスを中心に実証史学の確立をみていたが、一八八〇年代に入るとフランス革命史研究においても、一連の「制度化」が始まる。一八八一年に学術誌『フランス革命』が創刊されたのを皮切りに、八六年にはソルボンヌにフランス革命史講座が開設され、八八年にはフランス革命史学会が発足している。ソルボンヌの講座の初代主任教授にはアルフォンス・オラールが就任し、従来の党派性をあらわにした叙述をしりぞけて、実証研究をふまえた「科学的・客観的」革命史の確立を標榜した。

たしかにオラールの手法は綿密な史料収集と冷静な分析に裏づけられた画期的なものであった。だが、九一年憲法下の立憲体制をフランス革命の本流ととらえ、共和暦二年の恐怖政治を状況が然らしめた逸脱と見なす彼の革命解釈は、フェリーら穏健共和派の政治認識に合致したものであり、結果として現体制に学問的お墨付きを与えるという党派性を免れることはできなかった。神授王権がカトリック教会によって聖別されたのにたいして、共和国の建国神話は「科学的」歴史学によって聖別されたのである。

この制度化された革命史学に象徴される新しい国民史は、ただちに歴史教育というメディアを介して一般に普及されることとなった。たとえば、一八八四年ラヴィスによって編まれた初等学校向けフランス史教科書は、『プチ・ラヴィス』の愛称で広く親しまれた。それは、おりからの義務教育化の波に乗って各地で採用され、一〇年ほどのあいだに七五版を重ねたという。文字どおり、共和国の新しい聖史となったのである。

フランス革命一〇〇周年にあたる一八八九年の万国博覧会は、こうした一連の建国神話創生の頂点を飾るものであった。産業ナショナリスムを鼓吹するこの祭典の白眉は、なんといってもメイン会場のシャン゠ド゠マルスに出現したあのエッフェル塔である。一八八七年七月から八九年三月まで、約一年九カ月かけて造られたこの巨大な建築は、「鉄」という、時代を象徴する素材をふんだんに用い、当時の科学技術の粋を集めたものであった。

また、この総重量七〇〇〇トン、地上三〇〇メートルの鉄塔は、共和国の威信をかけた世俗建築という使命を担っていた。それというのも、当時モンマルトルの丘には、かのサクレ・クール聖堂が建造中であったからである。小高い丘のうえに、八〇メートル

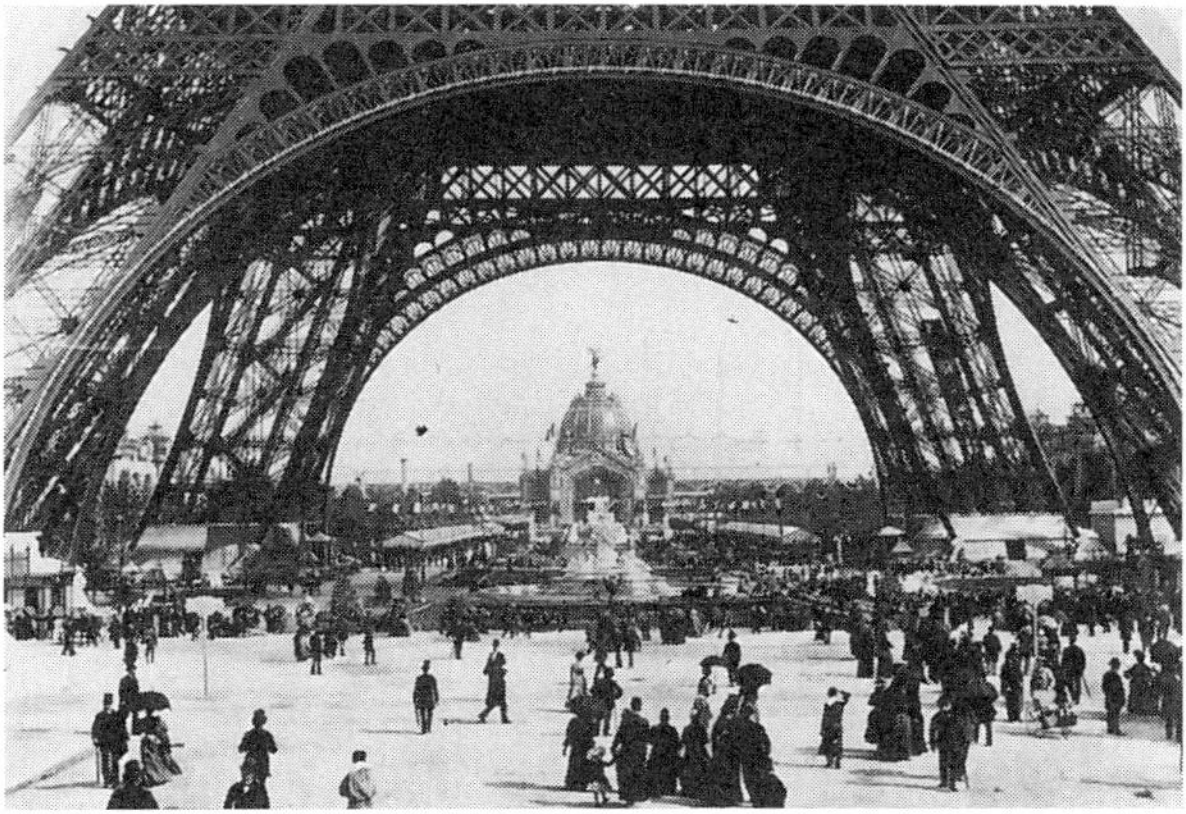

図 39　1889 年の万博会場とエッフェル塔

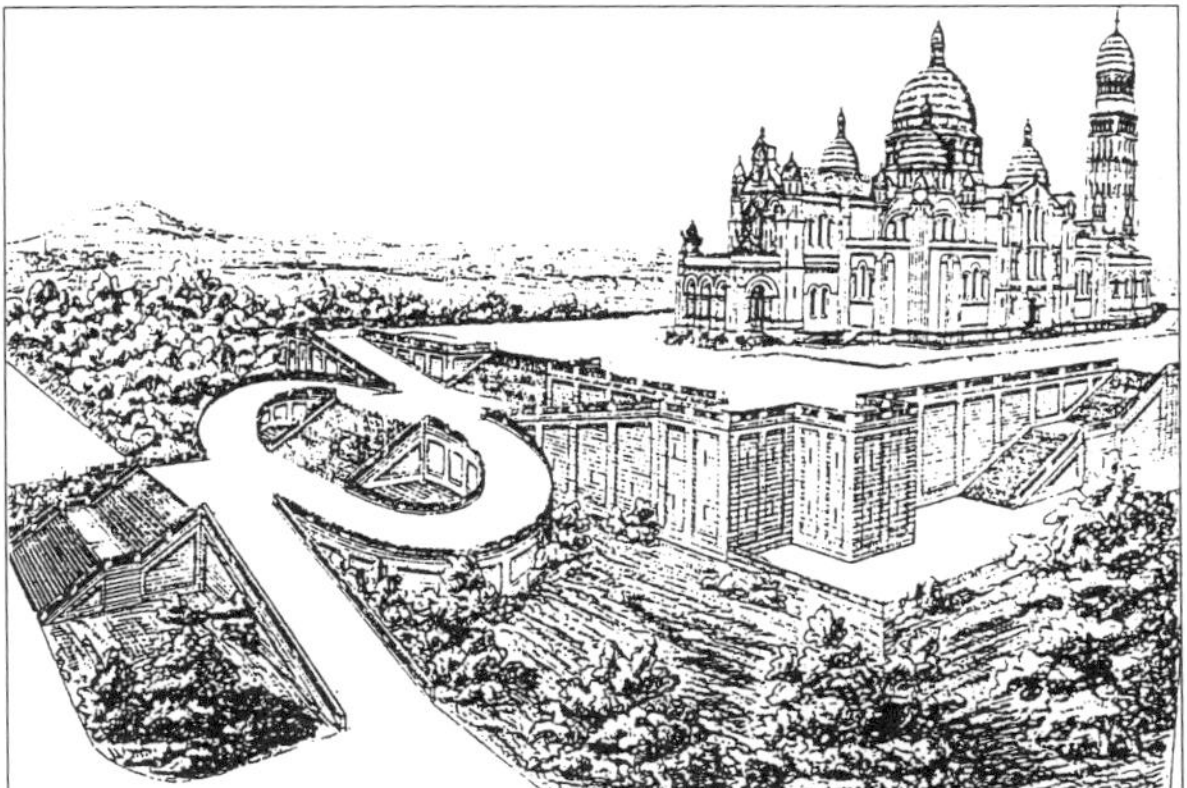

図 40　サクレ・クール聖堂の当初の設計プラン(未採用)

の巨大なドームをもつロマネスク－ビザンチン様式のこの聖堂は、十九世紀の教会が「カトリック的フランス」再建の夢を託した一大モニュメントである。その白亜のドームは、パリ北郊から市内を睥睨《へいげい》する教会芸術の結晶であり、まさに教権派の象徴となるべきものであった。

エッフェル塔はこの中世教会風の石造り建築にたいして、近代社会と科学技術を象徴する鉄製の世俗建築物として、けっしてひけをとってはならなかった。地上三〇〇メートルというその高さへのこだわりは、明らかにモンマルトルのサクレ・クールを意識したものであった。設計者ギュスターヴ・エッフェルが狂喜して叫んだように、これ以降「フランスは三〇〇メートルの旗竿をもつ唯一の国」となったのである。パリを代表するこの二つの建造物が、世紀末における「ふたつのパリ」の対立を象徴する建築でもあったという事実は、もっと記憶されてよい。

フェリー法以後の教師――「共和国の司祭」

共和主義的公民の育成を司祭や修道会に期待するのは土台無理な相談である。のみならず、彼らがその阻害要因になる以上、共和政当局はぜひとも学校教育の全面的掌握を急がねばならなかった。その意味で、フェリー法の成立(一八八一～八二年)はまさに画期的なできごとであった。初等教育に「無償・義務・世俗化」の三原則を導入したこの改革は、教育界への浸透をてこに再キリスト教化をはかろうとする教会の野望を打ち砕くものであった。

そもそもジュール・フェリーはこの教育三原則法を成立させる以前から、修道会をターゲットとする世俗化政策の強力な推進者であった。彼は一八七九年二月ワダントン内閣の公教育相となるや、ただちに無認可修道会による教育活動を禁止する法案の作成に着手している。この法案は上院によって否決されたが、つぎのフレシネ内閣にも留任したフェリーは一八八〇年三月末、「三カ月以内に認可申請を行なわない無認可修道会に解散を命ずる」大統領令を引き出すことに成功した。

同年九月、首相に就任した彼は、この大統領令を厳格に実施する。この解散令のおもな標的となったのは、中等教育に隠然たる勢力を誇るイエズス会であった。これによって同会を中心に約二万人の修道士・修道女が追われ、多くの修道会系コレージュや初等学校が閉鎖されたが、教会側の抵抗も激しく、各地で少なからぬ流血事件を引き起こしている。翌年のフェリー法はこれに追い打ちをかけたものというわけである。

表7、**図41**に明らかなように、一八七〇年代には生徒総数の四〇％以上を占めて世俗校に迫っていた修道会系学校は、八〇年代には大半が私立に転換させられたうえ、生徒数も世俗系の半数以下に落ち込み、大きく水を開けられた。端的にいって、この数字の変化は、地方農村での文化統合の担い手が司祭から教師へ移行したことを物語っている。

表 7　系統別小学校生徒数の推移(1850-1906 年度)

(単位：1,000 人)

年　度	世　俗					修道会					総計
	公　立		私　立		合計	公　立		私　立		合計	
	男子	女子	男子	女子		男子	女子	男子	女子		
1850	1,354	571	169	275	2,369	211	465	60	217	953	3,322
1868-69	2,106	404	122	272	2,904	445	773	96	449	1,763	4,667
1876-77	1,626	712	94	218	2,650	587	1,041	94	346	2,068	4,718
1886-87	2,293	1,351	60	114	3,818	169	630	267	640	1,706	5,524
1902-03	2,360	1,799	92	184	4,435	10	139	323	644	1,116	5,551
1906-07	2,468	2,074	287	527	5,356	2	38	50	138	228	5,584

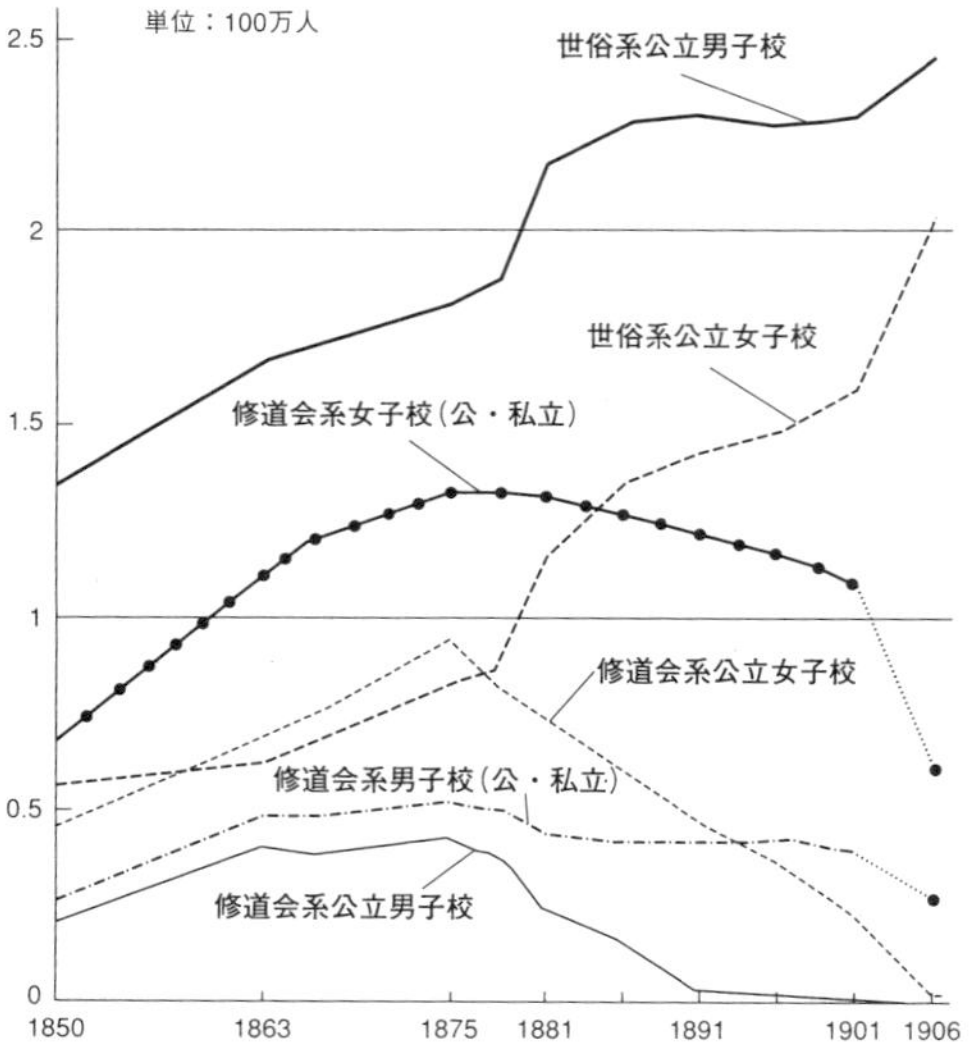

図 41　小学校生徒数の変化(1850-1906 年)

図 42　パリの修道会系孤児院での十字架撤去

フェリー法は、教師の待遇を大幅に改善しただけでなく、正規の教員免状をもたない聖職者を教壇から駆逐したことによって、この積年の対抗関係のバランスを教師の側に決定的に傾けたのである。公立の初等・中等学校での宗教教育が禁止されただけでなく、各地の公立校の教壇からキリスト像が官憲の手によって撤去されたのは、まことに衝撃的な事件であった(**図42**参照)。

第三共和政の指導者たちが、小学校教師に期待したのは「共和国の新しい司祭」としての役割である。教師はまず、全国津々浦々に国語(フランス語)を普及し、「単一にして不可分な共和国」のための前提を形づくること。ついで聖史にかわるフランス史(国史)や地理の授業を通じて祖国の観念を養い、共和主義的公民の教化をはかること。

そして理科や算数の学習によって「迷信」を払拭し、科学的世界観に導くことがもとめられた。

また、教科学習を通じてだけでなく、遠足や給食、学校貯蓄などの行事によって倹約、公衆衛生、集団的規律などの生活規範を体得させ、生徒たちを旧来の教会行事にしるしづけられた習俗から脱却させることが期待された。いいかえれば、「子供＝学校」による新しい知識と生活習慣をてこに、「科学・倹約・公衆衛生」といった近代市民社会の諸観念を家庭(ひいては成人)に浸透させ、根強く残る「教育＝信仰」を軸とした伝統的規範を掘り崩してゆこうという「近代化」の戦略である。

じっさい、農村の教師はたんに子供の知育だけでなく、農作業上の技術改良や農業協同組合の組織化などについても村びとたちの良き相談役であろうとした。村役場の書記という彼らのもうひとつの属性は、こうした方面でも村びとの信頼を集めるのに役立った。また当時はパストゥール以後の医療行政の拡大期であったため、全国的な予防接種がしばしば実施された。そうしたさいも、農村で不足していた医者や看護婦の代役をつとめたのは彼らであった。同じく当時盛んであった節酒運動＝反アルコール・キャンペーンでも、教師はもちろん一役買わされている。要するに農村の初等教員は、子供だけでなく成人にたいしても、新しい科学知識と世俗的モラルの体現者として登場することを期待されたのである。文字どおり、彼らは「共和国の新しい司祭」なのであった。

師範出身教師のプロフィール

フェリー法とともに全国で輩出した、この「共和国の新しい司祭」たちは、第一次世界大戦前夜には一二万人を数えた。彼らの肖像については、ジャック・オズーフが、二万人の元教師にアンケートを送り、うち四〇〇〇人の回答をえて編んだ資料集『われら小学教師――ベル・エポックの教師たちの自伝』(一九六七年)に詳しい。この好著から教師像を抽出しておくのが、歴史家としては手堅い選択であろう。

だが、ここでは、本書で一貫してとってきた方法、つまり、できるかぎり同時代を描いた文学作品を社会史的史料として用いてみる、という実験的手法にあえてこだわってみたい。それも、イデオロギー的立場があまりにも明確なゾラやマルタン・デュ・ガールではなく、一世代あとの国民的劇作家マルセル・パニョル(一八九五～一九七四)の自伝的小説『少年時代の回想』(一九五七～六〇年)を繙《ひもと》いてみよう。

マルセルの父ジョゼフは典型的な師範学校出の小学教師である。『プロヴァンス物語――マルセルの夏』という邦訳名で上映された回想録の第一巻は、原題が『父の大手柄』であることからもわかるように、名優フィリップ・コーベール演じる父親のジョゼフ、つまり当時の小学教師像がたいへん生き生きと描かれている。かなり引用が長くなるが、しばしお付き合い願いたい。パニョルはまず、父の学んだ師範学校の反教権主義的性格をこんなふうに表現している。

当時の師範学校は、まるで神学校のようにまじめなところであったが、そこで行なわれていたのは神学の勉強ではなく、人びとの生活からカトリック教会の影響を一掃するための授業だった。そこの生徒たちは、カトリック教会というものは、人びとを抑えつける道具でしかなく、お坊さんたちの使命や仕事は、民衆にむかって、ありもしない地獄や極楽の話を聞かせることによって、人びとの目を、無知という黒い布きれで縛ることなのだ、と教えられていた。

村の「司祭さま」たちの腹黒さは、ラテン語などという無知な信徒たちには呪文のように怪しげな効果がある、得体の知れない言葉を使うことでもはっきりしている、というわけであった。

教皇などというものの正体は、ボルジア家の二人の兄妹（教皇アレクサンデル六世の息子チェーザレ・ボルジアと娘ルクレチア・ボルジア）をみればじゅうぶんだろう……。

こんなふうに、師範学校での歴史の授業は、共和政礼讃の方向へ手際よくすりかえられていたのである。

だからといって、私はべつに、共和政に文句をつけるつもりはない。歴史の教科書などというものは、世界中いつでもどこでも、時の政府に都合のいい宣伝文句にすぎないものだ。

図 43　アルコール中毒の危険性を教える教師

図 44　ミリオン・セラーの教科書『二人の子供のフランス巡歴』を示す父親

そういうわけで、師範学校を卒業したばかりの連中は、あの大革命のころは、のどかな時代、人びとが我が身のことを忘れて他人のために尽くし、人と人の心が兄弟のような愛情でしっかり結ばれていた黄金時代、つまり世の中に善意が満ちあふれていた時代なのだと、本気で信じ込んでいたのであった。

もっとも、教会を潰しにかかった革命当時のあの「天使」たちが、二万人もの人間を殺し、物を盗んだあとで、こんどは味方同士がおたがいをギロチンにかけあったという事実を、師範学校の先生たちが生徒たちの不審をかわないよう、どううまく切り抜けたのか、私には解らない。……

ところで、師範学校での勉強は、反教会の思想、進歩的な歴史にかぎられていたわけではなかった。民衆にとっての、三番目の、しかも現に目の前にある敵が存在した。それは「アルコール」である。ゾラの『居酒屋』がでたのがこのころ（一八七七年）なら、教室の壁にずらりと、例の恐ろしいスケッチがかけられていたのもこのころである。それは、赤っぽい病める肝臓の画であったが、……師範学校の生徒たちは、この見るもおぞましい内臓と……大動脈に寝室のなかまでつきまとわれていたので、しだいに恐怖心の虜になっていった。彼らはグラス一杯だけの葡萄酒を見ても忌まわしそうに顔をしかめたし、食前酒の時間のカフェテラスは、彼らの目には自殺者の集まっている墓場のように思えるのだった。……

これらの三悪〔教会・アルコール・王権〕にたいする闘争さえ別にすれば、師範学校のカリキュラムは、広く多方面にわたっており、生徒たちを民衆の教育者に育てるためには、感心するほど立派にできていた。それに、生徒たちは例外なく農民や労働者の子弟であったから、民衆のことは申し分なく良く理解してもいたのである〔ちなみに、マルセルの祖父、ジョゼフの父は腕利きの石切工であった〕。生徒たちは、幅広い教養を身につけた。なるほどそれは、広く浅いものではあったろうが、たいへんな新知識にはちがいなかった。……

こうして、いよいよ卒業という時期になると……いわば熟した木の実がはじけるときのように、上等の種がいっせいに県内の四方に飛び出し、それぞれの持ち場で無知と戦い、共和国を礼讃し、教会の行列が通っても帽子も脱がずに眺めるわけである。……

私はこうした昔の先生たちをたくさん知っている。その人たちは、自分の使命の重大さに心底からの信念をもっていたし、人類の未来にたいしても輝かしい信頼を抱いていた。先生たちは金銭と贅沢とを蔑み、他人に道を譲るため、あるいは僻地での仕事を続けるために、栄転をもことわったものだ。……

それというのも、ここが一番たいせつなところだが、これらの先生たちが、あれほど教会を嫌っていながら、その心は宗教家のものであったことだ。その地区の司祭さんの仕事にはことごとく水をさしながらも――先生たちは、司祭さんを猫かぶりの偽善者だと思い込んでいたからだが――先生たち自身は聖者の生活を送っていたし、その道徳心も初期の清教徒たちと同じくらい強固なものであった(1)。

反教権主義の伝道者

この謹厳実直な師範出教師像は、文字どおり「共和国の新しい司祭」、聖職者そのものの姿である。十九世紀前半の師範学校は必ずしもこのように精勤な生徒ばかりではなく、むしろ質の確保に苦慮した時期があったといわれている。しかし、マルセルが学んだ世紀転換期の小学校は、このような使命感に燃えた優秀な教師が集う場であった。そんな教師のひとりである父を、彼はたいへん尊敬し、誇りに思っていた様子がうかがえる。小説では、この父が、母の姉婿つまりマルセルの義理の伯父と、宗教をめぐってたびたび口論する様が、ユーモアをまじえて描かれていて興味深い。もうすこし見てみよう。

ローズ伯母さんが母に打ち明けたことから、伯父さんが月に二回聖体拝領を受けていることを知ったとき、父は本気で驚き、がっかりして、「そりゃまた、あんまりだ」と言った。すると、母は、こういうことには目をつぶってほしい。伯父さんのまえでだけは、父がお得意の、神父さんたちを肴《さかな》にした冗談は口にしないでほしい、とくに、デュパンルー神父様をネタにした卑猥な小唄だけはやめて、と懇願した〔前述のように、デュパンルー司教はファルー法誕生の立役者のひとり〕。

「彼が本気で腹を立てると思っているのかい、おまえは？」

「あの人、きっとこの家の敷居を二度とまたがなくなるわよ。それに、姉さんが私と行き来するのをやめさせるにきまってるわ。」

父は無念そうに頭を振っていたが、急にたいへんな剣幕でわめきだした。

「それだ！　それがあの凝り固まった信者どもの心の狭さなんだ！　彼が日曜のたんびに、ご聖体とかいうパンをくわえに教会へ行くのに、この僕が文句を言うと思うのかい！　おまえのお姉さんと結婚した男は、信者たちが毎日曜日、聖体拝領のときに司祭からコップに注いでもらう葡萄酒は、わざわざ天国から地上へ降りてきてくれるキリストの血だと信じている人間だ。だからといって、この僕が、おまえに姉さんとはつきあうな、などと言うと思ってるのか？　とんでもない。僕は彼に僕の雅量を見せてやるさ。僕は自由主義者だから彼をからかってやる。でもね、彼にむかっては、けっしてあの残酷な宗教裁判のことも、息子殺しの汚名を着せられて殺されたカラス〔十八世紀フランスの新教徒。ヴォルテールはこの冤罪事件を糾弾し、反教権主義・宗教的寛容を訴えた〕のことも、殉教者ヤン・フスのことも、教会に焼き殺されたそのほか大勢の人たちのことも口にする気はないんだ。」……

彼らの話はよく政治談義になった。……また別の日には、伯父さんは「急進派」(ラディコー)と呼ばれている連中を攻撃した。コンブル氏とかいう人がいて、これが急進派の人間なのだが、話を聞いていると、どういう人なんだかわからなくなるのだった。父に言わせると、このラディコーは偉大で誠実な人物であり、一方、伯父さんに言わせると「悪党のなかの悪党」で、なんなら、印紙を貼り、公印を押した書類にして、天下に公表してしかるべきだと言う。伯父さんはさらに、このコンブルは、フリー・メーソンと呼ばれる悪人どものボスだとも言った。

すると、父はすぐさま「イエズス会」と呼ばれる団体の名を挙げ、彼らこそ恐るべき偽善者どもであり、世界中の人びとの足元にトンネルを掘っている輩だ、とやりかえした。ジュール伯父さんはかんかんに腹をたてて……。(2)

最後に出てきた「コンブル氏」なる人物は、もちろん急進派内閣の首班エミール・コンブその人のことであろう。つぎに紹介するように、コンブは第三共和政下で最もきびしく反教権主義政策を遂行した政治家のひとりである。教会から蛇蝎《だかつ》のように忌み嫌われていたことを、パニョルの叙述からも確認することができる。

2　エミール・コンブの「宗教戦争」

ドレフュス事件以後の反教権政策

フェリー法の施行が農村の教師をモラル・ヘゲモニーの有力な担い手に押し上げたことは確かである。だが、ファルー法下で力を蓄えてきたカトリック教会が、やすやすと規範形成者の役割を譲りわたしたわけではもちろんなかった。彼らは公立校を追われても、私立校を拠点にじつに粘り強く生き残りをはかり続けた。このため、「ふたつのフランス」を克服しようとする共和政当局の攻勢は、公立校から私立校へ、さらには修道会の存在それ自体へとエスカレートしていった。

じじつ、一八九〇年代の「ラリマン」(教会の共和政支持政策)にみられた小康状態をのぞいて、八〇年代と一九〇〇年代は革命期の非キリスト教化運動を想起させる宗教戦争のような対決ムードに包まれていた。後者は、共和政を深刻な危機におとしいれたドレフュス事件によって加圧されたため、とりわけ熾烈をきわめた。カトリック教会は今回も王党派とむすんで国家転覆をはかったと見なされていた。しかも反ユダヤ主義的冤罪事件への結果的な「加担」は、彼らの道義性を高めるものではなかった。

一八八〇年代のフェリーにたいして、今世紀初頭の世俗化政策の旗手はエミール・コンブであった。ちなみに、コンブはかつて神学を専攻しており、アソンプシヨン修道会系のコレージュで教授を務めた経歴をもっていた。彼が教皇庁から悪魔と罵倒《ばとう》され、断罪されたのは無理からぬところであった。一九〇二年六月ワルデック－ルソーに代わっ

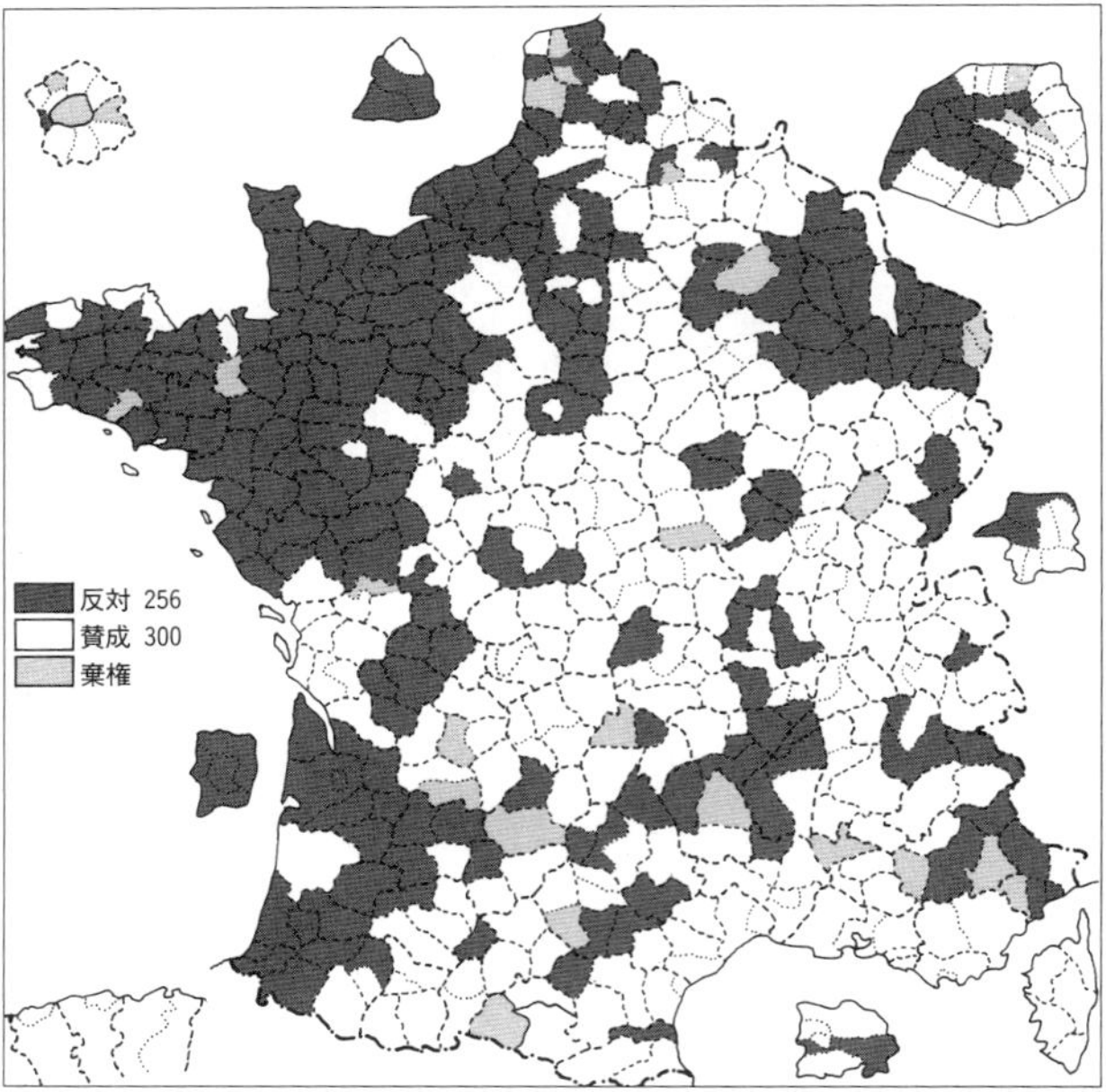

図 45　修道会の認可申請を却下する議決への態度(選挙区別)
1903 年 3 月 18 日.『イリュストラシオン』紙より.

て組閣したコンブは、ラリマンに乗じて復活をはたしていた修道会にたいして、果敢に第二次宗教戦争を挑んでいる。すでに前年、無認可修道会の解散令を含む結社法が成立していたが、彼は前任者の「寛容な適用」という方針を破棄して、この法律の厳格な実施に踏みきったのである。

コンブ内閣は、同年六月から七月にかけて無認可修道会系学校約三〇〇〇を閉鎖に追い込み、十月には約三〇〇の無認可修道会にも閉鎖を命じた。さらに翌一九〇三年には、認可申請を行なった修道会のうち一三五団体(男子五四、女子八一)の申請を却下した。このときの議員の投票行動から各地の温度差をはかった図が『イリュストラシオン』紙(一九〇三年三月)に掲載されている(**図45**参照)。これらの措置により、またしても約二万人の修道士・修道女が追われることとなった。

シャルトル会士の追放

コンブは修道会を国家内国家、近代社会の敵ときめつける。彼の「文化闘争」は、フェリーのそれよりはるかに戦闘的であった。そのため強制閉鎖にたいする各地での抵抗も激しく、鎮圧のためにしばしば軍隊を動員せねばならなかった。抵抗運動が最も地域的広がりをみせたのは、やはりブルターニュとノルマンディであったが、ほかではマルセイユのカプチン会、イゼール県のシャルトル会のケースが激しかったという。とくに本書ではすでになじみのドフィネ地方、イゼール県のシャルトル会修道院の追放をめぐる紛争は有名であり、よく概説書の口絵を飾っているのでご記憶のかたもおられるかもしれない(図46参照)。この挿し絵の出典である『イリュストラシオン』紙(一九〇三年四月)は、当地の紛争の最終局面をこう記している。

四月二十九日、未明の二時半、第一四〇歩兵隊の一個大隊と第四工兵隊の六名が修道院に到着した。ドートヴィル中尉に率いられた第四竜騎兵の一個中隊と憲兵の小隊は先着していた。だが、サン－ローラン－デュ－ポンとその近郊からやってきた一五〇〇人近い人びとが先手を打っていた。そのうちで、最も果敢な二〇〇人の人びとが、すでに大正面玄関をまるで本物の要塞のように覆ってしまっていた。ただちに、敵意に満ちた叫び声が響きわたった。激しい乱闘が展開され、軍隊はそれらを除去するのにたいへん手間取った。夜が明けると、予審判事に付き添われた共和国検事が、扉を開けさせようと幾度も試みたがはたせなかった。土木工兵の手を借りて斧で扉を叩き壊さねばならなかった。役人たちは歩兵の一小隊や憲兵とともに、「薪の山」の中庭に入り込んだ。一方、外では抗議がいちだんと激しくなり、排除されたデモ隊の怒号が乱れ飛んだ。

シャルトル会修道士たちは、彼らの礼拝堂の聖域(内陣)に最後の避難所をもとめた。彼らは自分たちの聖職者席で、身じろぎひとつせず祈りを捧げていた。内部の

図 46　追放されるシャルトル会修道士(イゼール県)

障害物を取り出すために、ひとりの男が、高い鉄柵をよじのぼらねばならなかった。というのも、彼らは繰り返される退去勧告を無視し、実力行使されるまで無言で居座り続けたからである。そこで、憲兵隊が出動した。その場に居た二十三人の修道士たちが、囚人のようにして、修道院の正面玄関から外に出されたのは、彼らの実力行使によるものであった。

白の僧衣に無帽の修道士たちの奇妙な行列が、武装した兵士たちの整列するあいだをぬってゆく！　こちらには、野戦服とドフィネ山地の登山杖を身に着けた歩兵の大隊。あちらには、第四竜騎兵の分遣隊。その連隊長ドークーベルタン大佐は受け取った命令を伝えたあとで辞表を提出した。この心を揺する痛ましい光景をまえにして、まず深い沈黙が流れたが、つぎに長い喝采《かっさい》がわきおこった。騒然とした群衆は、サン－ローラン－デュ－ポンまでこの追放者たちにつき従った。修道士らは、ただちに〔隣接するサヴォワ県の県都〕シャンベリーに向けて発ち、そこからイタリアのピネローロに到達することになっている(3)。

『イリュストラシオン』のこの論調は、多少とも修道士たちに同情的ではあるが、反共和政の論陣を張るというほどでもない。他方、カトリック系の新聞『ラ・クロワ』紙などは、一連の抵抗運動の報道を通して激しく政府を非難し、コンビスム打倒を叫びつづけた。だが、回想録でも「私は修道会を解散するためにのみ政権をとったのだ」(『我

が内閣　一九〇二～一九〇五年』）と断言するコンブは、その後も追及の手をゆるめない。翌一九〇四年の七月には、認可修道会を含めたすべての修道士・修道女を教育界から排除する修道会教育禁止法を成立させている。

これにより、私立であっても修道僧は教育に携わることがいっさい禁じられた。二四〇〇近い教育施設が閉鎖され、新たに約四〇〇〇名の修道僧が教壇を追われたのであった。その後も段階的に閉鎖は続き、一九一一年までにさらに一八四三校が同法の適用を受けている。フェリー法に始まった教育の世俗化は、ここに法律的にはひとまず完成をみたのである。もっとも、私立世俗校の形式で認可を受けながら事実上は聖職者が運営するというかたちで、教会系学校はその後も存続しつづけたのだけれども。

3　ブルターニュの抵抗

地方文化のジェノサイド？

ところで、急進共和派による、このいささか強引な教育世俗化政策については、後世の歴史家たちのあいだでも評価が分かれている。とりわけ、反国家主義・反権力主義的立場をとる論者たちは、これにきわめて批判的だ。マルセル・パニョルの父と伯父のくりひろげる他愛なさそうな口論も、じつはあまり牧歌的な光景ではなかったのである。

彼らによれば、地方農村における師範系教師のあのような意識と活動は、「中央による地方文化の抑圧であり、都市文化による農村文化の破壊であり、はたまた国家主義にもとづく画一的文化の強制であり、国内植民地の征服をもくろむ文化帝国主義」の尖兵の役割を担うものだったのだ、ということになる。

これらは、主として少数言語や地域主義の擁護という立場からのものだが、ブルターニュ地方などについてみるかぎり、この指摘はなかばあたっているだろう。たしかに、ケルト系のブルトン語とは言語体系を異にするフランス語教育の性急な推進は、母語に根ざした自生的な文化を奪うものとして現象せざるをえなかった。とりわけ公立校での、ブルトン語の使用をいっさい禁じるダイレクト・メソッドの採用は、母語を話した生徒に罰札をかけさせるというような屈辱的方式をともなったため、エリート文化の民衆への強制という性格を色濃くしていった。

このため農村民衆は、ブルトン語に寛容な司祭や教会系私立校に親近感を抱き、かえって反共和政感情を醸成するもととなった。一九〇二年六月以降の修道会系学校閉鎖命令は、この民衆感情をもろに逆撫でし、火に油を注いだわけである。

これをきっかけに、ブルターニュ各地では武力衝突を含む全面的対立が引き起こされるにいたる。だが、この現象もつぶさに見てみると、そう単純明快な性格規定をためらわせるものがある。ブルターニュ半島の西端、フィニステール県の事例を克明に追った

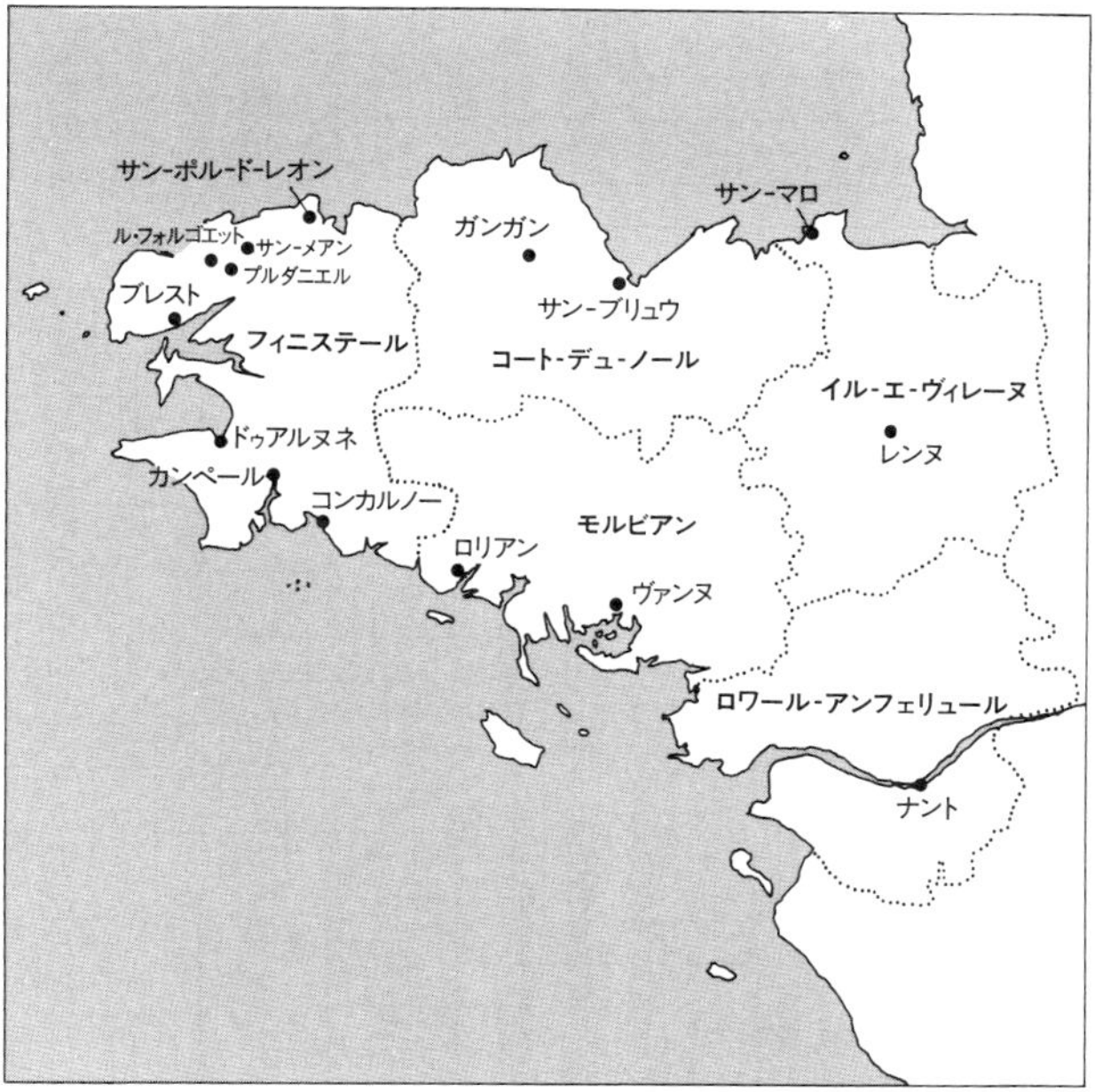

図 47　ブルターニュ地方

キャロライン・フォード(ハーヴァード大学)の研究を手がかりに、今すこし細部に分け入ってみたい。

バス-ブルターニュ(低地ブルターニュ)地方において、抵抗の拠点となったのは、聖霊女子修道会が経営する三七の私立女子校であった。この地方がカトリック教会の強い影響下にあり、王党派の牙城であったことはよく知られている。だが、第三共和政に入ると県南部では共和派の代議士が選ばれるなど、ヘゲモニー状況も流動化する傾向にあった。問題は、今回の抵抗が南部を含めた県全域で展開されたことにある。事件の時系列を追ってみよう。

聖霊女子修道会の抵抗

(1) 一九〇二年七月二十一日、北部のサン-メアンで、修道会立のサン-タンヌ校に閉鎖通達のためやってきた二人の憲兵とそれに協力した公立校教師が、六〇〇人の武装農民につまみ出される。以後、この教師は恐怖のためサン-ルナンの自宅にひきこもったままとなる。

(2) 七月二十九日付けで内務相に宛てた知事の報告書によれば、県都カンペールで、コンブを支持する急進党代議士ジョルジュ・ルバイユの自宅にデモ隊が押しかけ、邸内に突入をはかって乱闘となった。窓ガラスが壊され、憲兵と教師が重傷を負う。二名が逮捕され一名は一五日間拘留された。ドゥアルヌネでは女子校を支持して住民が集結、サン‐ポル‐ド‐レオンでも約一〇〇〇名の農民がデモ。

(3)　プルダニエルやサン‐メアンでは、修道会系学校の正門に荷車をつみあげてバリケードが構築される。八月に入ると事態はさらに悪化し、軍隊の投入が日程にのぼり始める。トレフィアガ(八月八日)、フエナン(八月十一日)などでは、校舎の窓や門の内側から、住民が石や汚泥を投げつけ、官憲の頭上に糞尿を浴びせ掛ける戦術がとられた。このため憲兵や警官に負傷者が続出する。同様の抵抗は、カンペール、オディエルヌ、コンカルノー、ケルフントン、ポン‐クロワ、ブゼックなどでも報告されている(図48参照)。

これらの抵抗運動の参加者の特徴として、警察の報告書は、女性の多さと村人口に占める参加者人口の圧倒的な高率を指摘している。たとえば、人口三八八四名のルギルヴィネックでは、一五〇〇人がデモに参加し、うち女性が一二〇〇名を占める。またトレフィアガにいたっては、人口一八一九名なのに近隣から応援をえたのか二〇〇〇名近いデモ隊が修道会系学校の防衛にあたっている。この広汎な支持者に対抗するため、政府は軍の投入を決意する。たとえば、コンカルノーでは、たった五人の修道女を追放するのに一二個部隊の憲兵と、三〇〇人の歩兵が投入された。ブゼックやドゥアルヌネでも同様であり、八月十七日にようやく県南部の閉鎖と追放をほぼ完了したという。

明くる十八日、政府は残りの拠点、レオン地方の三要塞といわれたサン‐メアン、プ

図 48　ブルターニュ，プルダニエルの攻防(1902 年 8 月 18 日)

ルダニエル、ル・フォルゴエットに総攻撃を指令する。後二者には、それぞれ歩兵二〇〇人、憲兵五〇人が送り込まれたが、最難関のサン‐メアンには三〇〇人の歩兵と八〇人の憲兵が必要と判断された。バリケード封鎖されたサン‐タンヌ校の正門には人権宣言が貼られている。校内には、もう三週間以上政府軍を待ち受けて籠城する支援住民とともに、国会議員ゲロー師の姿もあった。以下、攻防戦の模様はフォードの記述をほぼ忠実に紹介しておこう。

八月十八日月曜日、午前十一時、植民地歩兵四〇〇人の部隊と七五人の憲兵隊、ブレストとランベゼレックから派遣された数名の警官、錠前屋一名、それにブレスト郡の助役がこの村に到着した。助役とゲロー師が言葉を交わしたが、なんら和解にはいたらず、助役は軍隊に、サン‐タンヌ校に通じる道路につくられたバリケードを撤去するよう命令を発した。警官が一人、頭部に投石を受けて負傷した。砂や泥が兵士に向けて浴びせられた。

群衆は司祭館の前につくられた第二バリケードまで退き、そこで喚声をあげた。

「修道女万歳！　くたばれコンブ！　共和国万歳！」

兵士たちはやっとのことで校舎に達し、錠前師が門扉を開けるようもとめられた。群衆と兵士の乱闘はなおも続く。校舎の中庭を守っていた教区司祭と数人の若い女性たちはグラウンドに投げ倒された。汚泥や石や砂が兵士に向かって投げつけられたように。

兵士たちは学校から四人の修道女を強制連行した。修道院長が助役に書簡で抗議を申し入れてのち、修道女たちは、その村のアバレア夫人なる人物の邸宅に難を逃れている。

一二人の農民と一〇人の若い女性が重軽傷を負った。政府側では、警官一人、憲兵一人を含む七人が負傷している。逮捕された者は八名。

ル・フォルゴエットとプルダニエルでは、暴力的な衝突は回避された。……八月二十日までに、フィニステール県で聖霊女子修道会の経営する三七の学校は、すべて強制閉鎖を完了した。(4)

聖霊女子修道会と地域共同体

この後の事態の推移を簡単に整理しておく。聖霊女子修道会の学校はたしかに閉鎖されたが、彼女たちは他の私学に潜行して生き延びている。やがて第一次世界大戦後には公然とカムバックする。当地では、政府の反教権・文化統合策は成功せず、住民に怨念《おんねん》だけを残す結果となった。共和派への支持は低下し、逆にキリスト教民主主義運動に活動の基盤を与えたことになる。

この広範囲にわたる抵抗運動をどのように解釈すべきだろうか。当時の共和派系新聞は、大革命期のヴァンデの乱や復古王政期まで続いた「ふくろう党」(シュアンヌリ)の陰謀になぞらえている。たとえば『ブルターニュ・ヌーヴェル』紙は「修道会とシュアン」と題する論説を掲げ、サン＝メアンの民衆を無知で狂信的な野蛮人と非難した。他方、ギルディアやゲーンといった後世の史家も、教権主義(教会)と王党派、土地貴族と聖職者の結託という評価を下している。

これにたいし、キャロライン・フォードは、聖職者や貴族の意識的扇動よりも町村長のイニシアティヴを重視する。逮捕者リストから推しても、地主・貴族に雇われた小作や日雇い労働者よりも自作農や熟練職人、漁師といった階層が活動の中心であったという。また彼女は、反抗の地理的分布が、共和派の優勢な地域を含め県の全域にわたっている事実を重くみる。

さらに、特徴的な現象として、男子の修道会系学校や女子校でも他派の経営するものについてはさしたる抵抗が行なわれず、聖霊女子修道会系の学校のみが各共同体住民の圧倒的な支持を得て徹底抗戦したことに注目すべきだとしている。すなわち、この女子修道会は、フィニステール県の各地域共同体に非常に貢献しており、町村になくてはならない存在として根づいていたことを強調するのである。

聖霊女子は、なによりもブルターニュで設立された修道会であった。一七〇六年フィニステールの東隣、コート＝デュ＝ノール県の県都にあたるサン＝ブリュウの司教区で、医療と救貧のための修道会として創設された。やがてブルターニュ半島全域に初等学校システムを確立するようになってゆく。大革命後は、一八一〇年十一月の帝国勅令によって八施設が認可されて再出発するが、十九世紀を通して拡大しつづけた。一八八八年には、二九〇の施設を擁し、三万八〇〇〇人の子供たちの世話をするようになった。なかでもフィニステール県で最も深く根をおろし、十九世紀末にはブルターニュ四県のなかでも同県が最大の施設数と要員を抱えるようになった(フィニステールで追放された修道女三六二人のうち二三六人が同会所属)。しかも、修道女のほとんどが地元農民の子女であったことも重要な要素である。

この修道会は、小学校だけでなく保育園をも備えており、子供をかかえながら働かねばならない農漁民の妻たちの絶大な信頼を得ていた。また、ブルターニュでは医療施設が不足していたため、無償の医療を提供してくれる同会の活動は、地域自治体にとってもたいへん重宝なものであった(ちなみに、一八八一年のフィニステール県では、医者は五〇〇〇人に一人しかいなかった。全国平均では二五〇〇人に一人)。

要するに、聖霊女子修道会の修道女たちはこの地方の福祉・教育事業の多くの部分を担っており、師範出の田舎教師たちがもっていたマルチ機能に似たものを、むしろもっと強力にはたしていたのである。地域自治体には、彼女らの代替物を準備できる財政的な裏付けがなく、コンブの強硬策に反発したのは当然であった。

フォードは、これらの事情を綜合して、抵抗運動は地方独自の公的扶助システムの擁護にほかならなかったと見なす。そして、コンブの反教権主義政策を「中央の国家権力による地方文化の抑圧」ととらえ、地域主義者たちの主張に似た結論を下している。

彼女の考察はそれなりに緻密であり、世紀転換期のブルターニュという局部的時空に限定して考えればほぼ妥当な結論であろう。ただ、われわれがみてきたアンシァン・レジーム以来の文化ヘゲモニーをめぐる対立という長いタイム・スパンと、ブルターニュ以外の地方的反教権意識の広がりという全国的な政治空間のなかで、この事象を考え直してみると多少の修正が必要かと思われる。

たとえば、聖霊女子修道会立学校の急速な拡大は、一八七一年以降の第三共和政初期に集中していること、もっとはっきりいえば、フェリー法以後男子の修道会系学校が激減したことへの対抗措置として、教会が意識的にてこ入れした結果でもあること、世俗の公立女子校への自治体の手当てが遅れがちであったことが幸いしたのだ、という指摘はフォード自身も行なっている。しかもこの当時、同会は全国でも最大規模の女子修道会のひとつに成長しているのである。教会の政治的意図は明確であり、この女子修道会の財政的基盤はどこにあったのかということも考慮に入れる必要があるだろう。

全体としてみれば、ブルターニュの修道会と学校が、ドレフュス事件直後のカトリック教会と共和派とのヘゲモニー闘争の一大焦点となることは避けがたかったはずである。

この激突のなかで地主貴族や王党派が中立を保ったとは考えにくい。ただ、露骨に前面に出る必要がなかったにすぎない。

そもそも、一八八〇年代以降の地方農村において文化的ヘゲモニーが移行したという現象を、もっぱら言語強制という側面でのみとらえ、国家主義批判につなげるのはいささか短絡的であり、一面的にすぎよう。たとえば、司祭を中心としたブルトン語擁護運動は、結果としてこの地方の大土地所有者と結んだ教会上層部の伝統的な民衆支配構造を温存しようという意図を覆いかくす性格をもっていたことも見逃すべきではないだろう。

ブルターニュをはじめとする周縁地域も、一八八〇〜九〇年代にはすでに道路網・鉄道網の覆うところとなり、全国規模の市場経済に巻き込まれ始めている。これに対応するには科学的知識と正確な情報の確保が不可欠であり、ローカル世界を越えたコミュニケーション手段の習得は、むしろ地域活性化のための必須条件であったかもしれないのである。

地域主義の立場からいえることは——分離主義という名の、もうひとつのナショナリスムを選択しないとすれば——おそらく、より共生的でバイリンガルな言語政策と地場産業への手厚い保護育成策が採られるべきであったということであろう。不幸なことに、すでにみてきたような、大革命以来のイデオロギー的対立が、教会＝王党派＝地方言語というイメージを固定化したため、文化的マイノリティにたいするジェノサイドのような展開を一部でもたらしたのである。

この逆に、司祭が冠婚葬祭の儀式や告解制度を武器に、強圧的な道徳統制を行なっていた地域では、村民に広く反教権意識が根づいており、公立校教師の体現する知識と規範はむしろ積極的に歓迎されたのを忘れてはなるまい。いずれにしても、コンブの反教権政策への反応の地域差は著しく、大革命期に刷りこまれたあの政治心性地図のモザイク模様が、今回も似かよった構図をとって浮かび上がってきたのである。

4　エピローグとしての政教分離法

ガリカニスムの終焉

これら数次にわたる教会への波状攻撃の総仕上げが政教分離法であった。一九〇四年十一月コンブ内閣によって上程されたこの法案は、翌年一月同内閣の総辞職によって挫折するかに思われたが、あとを受けたルーヴィエ内閣の手で、若干の修正のうえ一九〇五年十二月に辛うじて成立したものである。個々の条文は省略しよう。端的にいえば、政教分離法のポイントはつぎの二点に集約される。

(1)　国家・県・自治体はいっさい宗教予算を支出せず、信仰を私的領域のものに限定

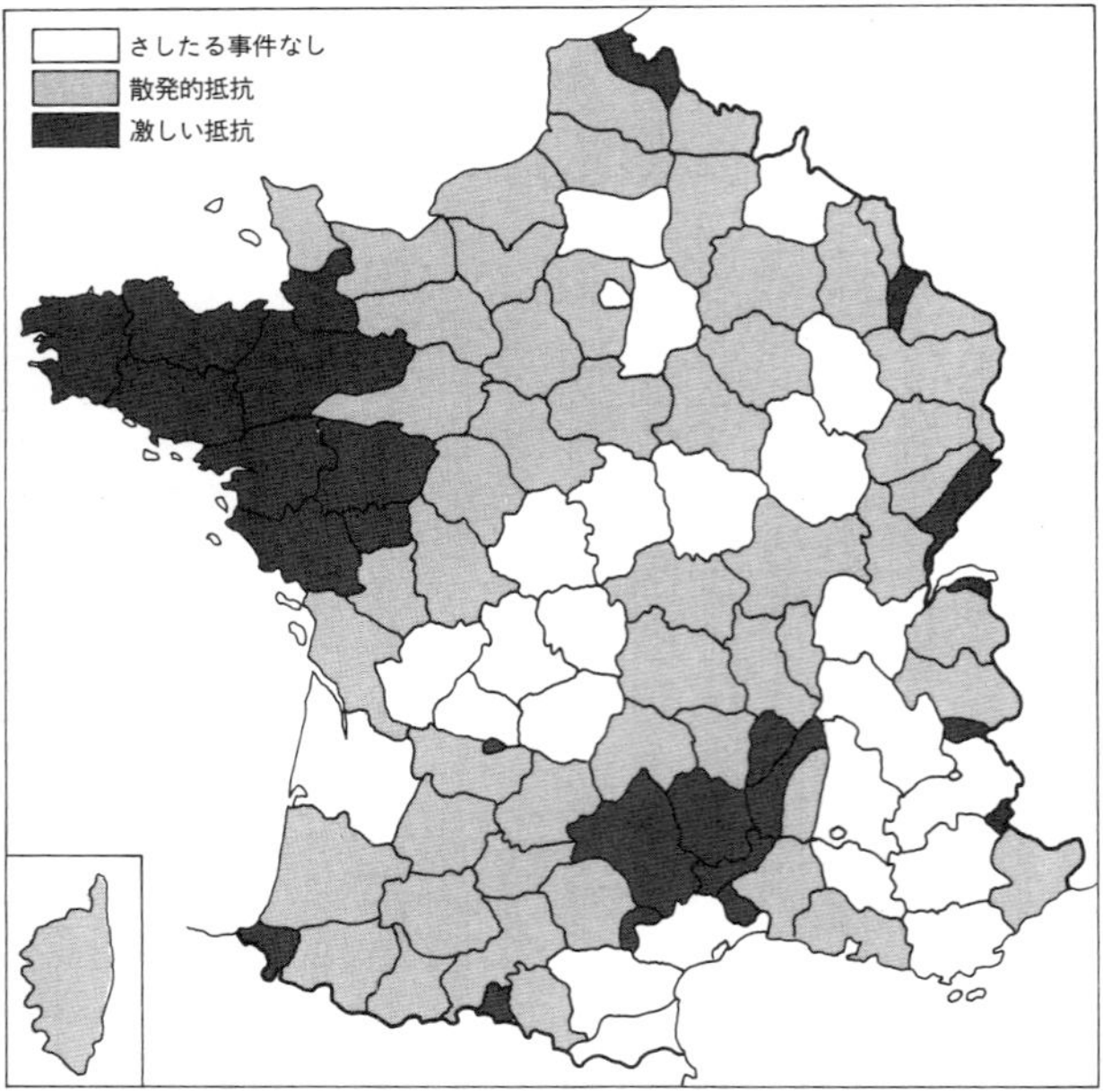

図 49　財産目録調査に抵抗した教会の多い県(1906 年)

する(聖職者の政治活動は禁止され、宗教的祭儀の公的性格はいっさい剝奪される)。

(2)　教会財産の管理や組織の運営は、信徒会(アソシアシオン・キュルチュエル)にゆだねられる。

これによって、十九世紀の政教関係を規定してきたナポレオンのコンコルダート(一八〇一年)が破棄され、十六世紀以来のガリカニスムが最終的に解体されることになった。しかしながら、冷静に見てみると、この変革は必ずしも国家の教会にたいする一方的勝利を意味するわけではない。聖職者は公共の庇護を失うかわりに、ながらく国家に掌握されていた司教の任免権を回復したし、信徒会も運用しだいでは直接ローマにつながりうる可能性を獲得したからである。審議の過程で飛び出した教会財産国有化案が否決され、かわりに信徒会の連合体(司教座に相当する)が認められたことも反教権派の大きな譲歩であった。だが、これまで公私両面にわたってフランスの国民生活にかかわってきたカトリック教会にとって、これをすんなり受け容れることは困難であった。

一九〇六年一月のアルビ司教会議はいったん政教分離法の受容を宣言したが、ローマ教皇ピウス十世が同法を略奪法と非難し、信徒会の結成をも否認するにおよぶと、またもや宗教戦争が再燃する。直接的な引き金は、信徒会に委譲される教会財産の目録作成のために、官憲が立入り調査を強行したさいの衝突であった。同年一月末から二月初旬にかけて、全国各地の教会では、信徒会による教会管理そのものを拒否し、バリケードを築いて官憲の立入り調査を実力で阻止しようとした。

一九〇二～〇三年の抗争では修道会が主たる舞台であったのにたいし、今回は、パリのサント－クロチルド教会をはじめ、全国各地の教区教会を主戦場にして、前回を上回る激しさで攻囲戦が展開されている。今回も政府は、**図50**にみられるように、またも軍隊の投入によらねば排除できぬほどの物理的抵抗に遭遇したのであった(その模様を詳しく紹介するのは、舞台装置が異なるとはいえ、おそらく屋上に屋を架すことになるだろう。ここでは差し控えておくことにする。これについては、先年、パリ大司教座古文書室、大蔵省文書室、国立公文書館などに収蔵されている手稿史料を閲覧する機会を得たが、いまだ解析途上であり、個別論文のかたちで他日を期したい)。

しかし軍の一部では、政府の教会弾圧にこれ以上手を貸すことを拒否しようという動きがあらわれた。そのため政府は、しだいに強硬策の矛先を収め、教会にたいする姿勢を転換してゆかざるをえなくなった。これには、一九〇六年のゼネストをはじめとする労働争議の頻発や、極左勢力の攻勢にたいする配慮も手伝っている。一九〇七年には早くも信徒会議の設置義務を緩和したのを皮切りに、かつてエミール・コンブが執念を燃やした一九〇一年法と一九〇四年法も、その厳格な適用が見送られ、いつしか無認可修道会の活動さえ黙認されるようになっていった。やがて第一次世界大戦前夜には、「挙国一致」の名のもとに、これら非合法修道会の復活が公に承認されるにいたっている。

図 50　教会のバリケードに突入する軍隊(1906 年，オート-ロワール県，イサンジョー)

図 51　サン-ピエール・デュ・グロ・カイユー教会のバリケード(1906 年，パリ)

政教分離法の二つめのポイントは、骨抜きにされてしまったのである。けっきょく、コンブの反教権闘争は、カトリック教会の国民生活への影響力を完全に奪いとってしまうまでにはいたらなかった。第一次世界大戦後もこの対立はかたちをかえてくすぶりつづけることになるだろう。

共和派のヘゲモニー

しかしながら、政教分離法という制度的枠組みがもつ意味は、けっして小さなものではなかった。それはフランス革命期に始まり、一世紀以上におよんだ、共和派とカトリックとの文化統合をめぐるヘゲモニー争いに、いちおうの決着をつけるものとなった。というのも、一九〇五年以降、この「ライシテ＝非宗教性」という国家原理は、先行き不透明を予感させたにもかかわらず、ヴィシー政権を唯一の例外として、今日まで一貫してフランス共和国の法的枠組みを形づくっているからである。

フランス革命以後めざされた「単一にして不可分な共和国」は、いっさいの中間権力の介在を排し、市民法のもとに個人を公民として直接国家に統合しようとする社会システムであった。共和派にとってカトリック教会のヒエラルヒーは、まさに国家内国家以外のなにものでもなかった。個々の信仰を私的な領域に追いやり、公的な場から宗教団体の介在を排除すること、これが彼らのめざした最小限の獲得目標であった。

一〇〇年以上にもおよぶ攻防のはてに、共和主義者たちはカトリック教会をなお圧倒するにいたらなかった。つまり三色旗は十字架の社会的・政治的影響力を根こそぎにすることには成功しなかったのである。しかし、ベル・エポックという舞台で確保した「公教育におけるライシテ」という原則は、共和国のその後の方向性を深く規定することになる。さしあたりは、この時点で共和派のモラル・ヘゲモニーがある程度確立したといってよいだろう。

出典

(1) パニョル『父の大手柄』(佐藤房吉訳、評論社、一九九一年)
(2) 同書
(3) *L'Illustration, Journal Universel*, 1903.
(4) Ford, C., Religion and the Politics of Cultural Change in Provincial France: The Resistance of 1902 in Lower Britany, in *Journal of Modern History*, 62-1, 1990, pp. 13-14.

第七章　世俗原理〈ライシテ〉の国家、フランス

「ライシテ」の共和国

一世紀あまりの苦闘の末に、ようやく生み出された政教分離の共和国、それは、たしかに世俗的国民国家の完成を意味するものであった。だが、それはあくまでも法制史的な意味においてであり、カトリック教会の社会的潜勢力は、下降気味とはいえ、しっかりと保持されている。後日談になるが、一九五九年には私学への国庫補助も一定の条件下で法制化された。もちろん、私学の九九％はカトリック系である。公立校の優位こそ動かないが、今日では私学との社会階層的な住み分けが行なわれているというのが実情である(図52参照)。したがって、両者の潜在的な対抗意識は依然として抜きがたく、敵《てき》愾心《がいしん》はことあるごとに浮上する。

以上のような歴史的経緯をつぶさにたどってくると、序章でみたあの反バイルー法百万人デモの根拠がいくらか理解されよう。私学助成金の上限撤廃というのは、共和派にしてみれば、たんなる予算編成上の問題などではなく、大革命以後一〇〇年以上かけて獲得し、その後もう一〇〇年近く守りぬいてきた「ライシテ」の共和国という国家の基本原則にかかわる大問題だったのである。あのデモのさい、カトリック聖職者をじつに手きびしく揶揄《やゆ》する戯画やスローガンを書いたプラカードが林立していたのも、この対

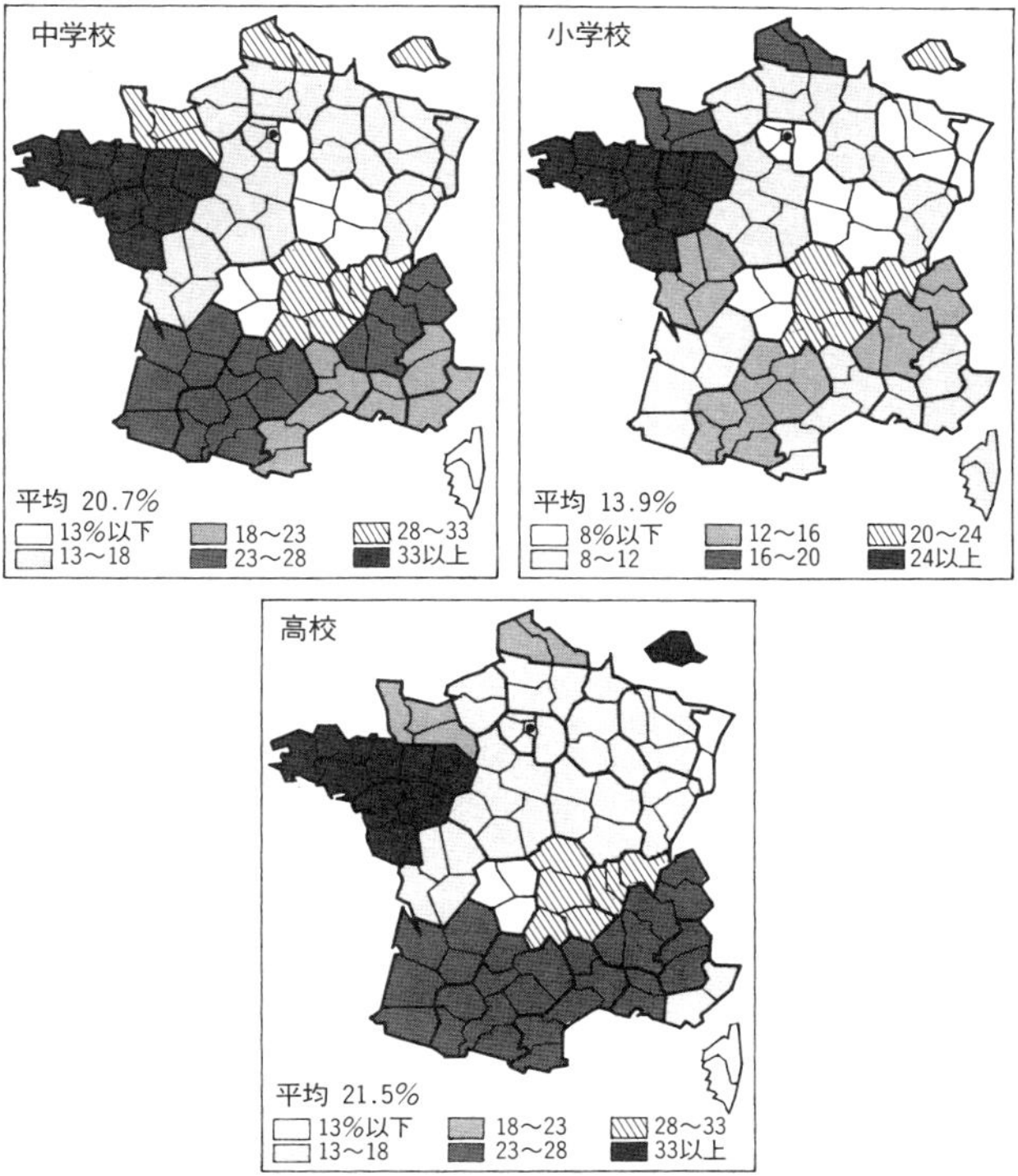

図 52　今日の小・中・高校における私学の占める割合
(県別，1991-92 年)

立の歴史的な根深さを示すものとして納得させられよう。

このように、フランスの集権的な国家理念である「単一にして不可分な共和国」が、カトリックとのきびしい対峙から生まれたライシテ(世俗性)原理で貫かれていることは、また別の意味での国民統合上の困難を残すものであった。たとえば、今日西欧諸国を悩ませている移民の統合問題があげられる。

よくいわれることだが、フランスの国民概念はきわめて開放的で普遍主義的な性格をもっている。ドイツの国民概念がドイツ民族を中心とした人種や民族という多分に血統主義的なものであるのにたいして、フランスのそれは、フランス共和国の掲げる諸原理の遵守《じゅんしゅ》を市民(個人)が誓約することを基本とする、市民契約的なものである。

国籍取得条件も出生地主義であり、そのかぎりでは、きわめて開かれた性格をそなえている。ユダヤ人であれ、トルコ人であれ、中国人であれ、フランス共和国への参加と契約を遵守するかぎり、人種とは無関係に、個人としてフランス国民たりうるわけである。だが一方、その徹底した個人主義は、特定の民族や文化をエスニック集団・エスニック文化として特別扱いすることを断固として拒否するのである。

イスラム・スカーフ事件

奇しくもフランス革命二〇〇年記念でわく一九八九年、パリ市郊外のクレイユという町の公立コレージュで、ムスリム（イスラム教徒）の女生徒がイスラム女性特有のスカーフ（ヘジャブ）を着けて登校した。校長は校内ではスカーフをはずすよう注意したが、女生徒は拒否したため停学処分を受けた。日本なら、たんなる校則違反かと思われるだろうが、これがフランスでは国家原理の問題となる。公教育の場に宗教的表象をもちこむことは、先にみた教育のライシテという国家の大原則に抵触するというわけである。生徒の親や在仏イスラム組織がこの措置に抗議し、マスコミも大々的にとりあげた。いわゆる「スカーフ事件」の発端である。

公立校の教壇から十字架を撤去するのに一〇〇年かかった国民が、今度は女生徒のヴェールにイスラム原理主義の侵犯という影を感じ取った、と考えればわかりやすい。正統的なイスラムは聖俗不可分を原則とする。トルコのような西欧風の政教分離を原則とするイスラム教国はむしろ例外的である。そのトルコでも近年イスラム原理主義の台頭著しく、フランスのトルコ系移民のなかでは、この流れを汲むイスラム復興運動のグループが発言力を増している。スカーフ事件においても、発端となったマグレブ系移民よりむしろこのトルコ系グループが活発な抗議行動を起こした。一見ささいなこの事件は、じつはEU（ヨーロッパ連合）におけるイスラム系移民の統合という、まことに深刻な問題をはらんでいたのである。

ミッテラン政権は当初、文化的マイノリティにたいして寛容な態度をとっていたし、

図 53　ヘジャブやチャドルの着用許可をもとめるムスリムのデモ(パリ，1989 年 10 月)　AFP＝時事

文化的多元主義をいちおうの建前としていた。一九八九年当時、社会党内閣の公教育相であったジョスパン（のちに党委員長、首相）も歯切れの悪い対応を行なっている。彼は、とりあえず女生徒にライシテの原則を守るよう説得し、それに応じない場合でも、教育を受ける権利は奪えないとして、スカーフ着用での登校を認める方針を示した。

ところが、この判断はたちどころにきびしい批判にさらされた。人種主義的な極右、国民戦線は別格としても、ドゴール派や中道右派はライシテの理念の堅持を訴え、そうした異質な分子を公認することはフランス社会をモザイク化することにつながるゆえ、けっして認めるべきではないとジョスパンを論難した。やがて彼らの主張は、社会党政権崩壊後、一九九四年保守派のバイルー教育相のもとで政府の公式通達となる。この年の終わりまでにスカーフ着用を理由に学校を追われたムスリム系女生徒は八〇人近くにのぼったといわれている。

他方、社会党内においても議論は二分され、ジョスパンを支持した人びとの論拠も、必ずしも異文化を等価値と見なす文化多元主義にもとづくものではなかった。彼らは、スカーフの生徒を排除することは、ムスリムの子女にフランス文明の普遍主義と自由の理念を教え、彼女らを迷盲の闇から救い出す機会を放棄するものだと主張する。これは、イスラムを狂信、野蛮と見下す文明化の使命意識、フランス啓蒙主義のあからさまな表明にほかならなかった。

やがて社会党も、スカーフ着用をイスラム原理主義者の組織活動の一環としてとらえるようになり、ムスリムにライシテ拒否を認めることは、フランス国内にアングロ・サクソン圏によくある移民の共同体をつくりだし、フランスのあるべき国民理念を歪めることになるので認めがたい、と主張するようになった。(ちなみに、イギリスは移民に同化をもとめず、コミュニティとして受け入れたが、かえってゲットー化を助長した。)「単一にして不可分な共和国」という理念は、各派にどこまでも共有されているのである。

さらに各派の主張に共通するのは、スカーフがイスラムの女性蔑視、女性差別の象徴であると批判する点にある。チャドルで女性の肌を隠すのは、女性自身の願望ではなく、娘は父の、妻は夫の所有物だと見なすイスラム社会の悪習の表現なのだという。すなわち、校内でのスカーフ着用は、イスラムの男尊女卑、家父長制社会の悪しき慣習を女性に強制するものにほかならないという見方である。いわゆる西欧フェミニズムの主張への同調でもある。もとより、これらの主張の背景には、イスラム原理主義集団の激しいテロ活動への恐怖感が共有されているのはいうまでもない。フェミニズム的主張は自己正当化の隠れ蓑《みの》だというむきもある。

もっとも、イスラム側にもこの人権抑圧批判に答える義務があるだろう。なぜなら、同じくライシテを国是としてきたトルコでは、フランスでの事態の裏返しが起こっているからである。近年イスラム原理主義者が町長に選ばれた町の学校では、それまで政教分離のもと、自由な服装で登校していた女生徒の服装がきびしく規制され、体育の時間でも長ズボンの着用が強制されているという。学校だけではない。町を歩くスカートの女性は石を投げられている(多くのイスラム諸国で慣習的に行なわれている、女性にたいする陰核切除や名誉殺人にいたっては論外であろう)。

フランスのムスリムもマイノリティであるうちは、被抑圧者としての訴えがそれなりの正当性をもちうる。だが、聖俗不可分の絶対神への帰依者が権力の座についたとき、さらに抑圧的な社会が現出するであろうことは、サヴォナローラのフィレンツェ、カルヴァンのジュネーヴを想起するまでもなく、西欧の歴史をほんの少しふりかえってみればじゅうぶんである。

とりわけ、教権主義とながらくつきあってきたフランスの共和主義者たちが、イスラム原理主義に必要以上の警戒心を抱くのも当然かもしれない。彼らにしてみれば、先人たちの二世紀以上にわたる苦闘のおかげで、ようやく三色旗のもとに十字架と共生できる社会を実現したかとおもえば、今度はクロワッサン(三日月旗)と対決するための十字軍とは！　という気分になるのだろう。

十字架と三色旗と三日月旗と

二十世紀末フランスの為政者たちは、覚醒したムスリム移民にライシテの原則を守ることを要求した。そして一九九五年、パリ・モスクを拠点とする穏健なマグレブ系のフランス・ムスリム代表者会議と契約を結び、ライシテの遵守を条件に、イスラム教を公認することにこぎつけた。イギリスのようにムスリムをマイノリティ集団として丸ごと受け入れることを拒否し、個々人として「フランス化した」ムスリムのみを受容する、「単一にして不可分な共和国」の原理にあくまでも固執したのである。しかし、この契約には聖俗不可分、イスラム法の実生活での実践にこだわる、トルコ系イスラム復興会議は参加していない。フランス政府はさしあたり、ムスリムの分断に成功したかにみえるが、火種は依然として残されたままである。

このように、この未解決の問題は、フランスという国民国家内においてだけでもじゅうぶんに深刻であるが、舞台をEU(ヨーロッパ連合)に移すとき、いっそう複雑でシリアスなものとなる。ネオ・ナチの台頭に悩むドイツはその典型である。EUの宗教政策および移民政策は、もっかのところ各国の自主的判断にゆだねる「多元主義」の立場をとっている。しかし、フランスのようにライシテを国是とする国と、連合王国(イギリス)のように国教会の長い歴史をもちながら実質的には社会の世俗化が進み、しかも移民のコミュニティ形成に寛容な国とのあいだの関係は、今後どのように調整されてゆくのだろうか。他方、イギリスは、北アイルランドのカトリック勢力とのあいだで骨肉の争いをくりひろげてきた積年の宗教的アキレス腱をかかえている。また、オランダのよ

図 54　トルコの国旗，三日月旗

うにエスニシティの多極構造を前提とした国との調整も困難を予想させる。

すでに多くのムスリム移民を抱え込んだヨーロッパの統一性を、キリスト教的文化共同体にもとめるのはもはや幻想といってよい。だとすれば、EUの政治的、文化的統合の将来を展望するとき、政教関係にかんする共通の前提を確立しておくことが早晩不可欠になるであろう。ヨーロッパを民族ごと、宗派ごとにゲットー化し、極小集団に細分化されたモザイク社会に再編することが可能だと信じる人はほとんどないと思われる。旧ユーゴのようなモザイク国家化がたどった悲劇を、EUが繰り返すのは愚かである。

ヨーロッパの未来(あるいは人類の未来)にとってなによりも必要なのは、民族と宗教の違いを越えた共通の政治的・文化的土俵である。最低限、民族と宗教の相違を棚上げにする契約、ないし共通の了解が必要であろう。そこでは、政教分離の原則が一定の普遍性をもち、ミニマム・コンセンサスを得る可能性があるように思われる。フランスでは特殊な歴史的意味合いをもつライシテではあるが、その本来的な普遍性については別個に評価の余地があるのかもしれない。

さて、ライシテのフランスが今日直面している問題について語っているうちに、ヨーロッパ連合におけるライシテの可能性に脱線してしまったようである。ライシテのフランス的特殊性を歴史に遡って考察していると、いつのまにかその普遍性に遭遇する。「特殊をたどって普遍にいたる」、じつは、ここらあたりにフランス近代史の罠(よくいえば特質)があるのかもしれない。

私は序章でルソー的フランスとジャコバン的フランスを例にとり、普遍モデル化されすぎた近代フランス像から解き放たれて、さまざまなフランス、特殊フランス的近代に迫る必要性を説いた。そして、ライシテのフランスが形成されてくるまでのヘゲモニー闘争を、できるかぎりローカルなレヴェルで、あえていえば、政治社会史的に描いてきたつもりである。はたして「もうひとつの近代フランス」をどの程度浮かび上がらせることができたのか、いまは読者の判断にゆだねるほかない。

ただ、さいごに付言しておきたいのは、ライシテのフランスは、たしかにカトリック的フランスとのきびしい相克のなかから生まれたものではあるが、同時に両者は特殊フランス的近代というメダルの表と裏を依然として構成しているのだ、という点である。先にみたフランスの移民政策を、きわめて集権的な同化主義だと、普遍的・理論的立場から非難することはたやすい。だが、歴史のなかの三色旗ははたして十字架と三日月旗を同列におくであろうか。むしろ三色旗が忌まわしい十字軍旗に変身しないことを祈るばかりである。なぜなら、これまでのところ特殊は普遍を、あるいは歴史は理念を、ことごとく裏切ってきたのだから。

〔以上、一九九七年十一月〕

十字架と三色旗、そしてヘジャブ

——文庫版のためのエピローグ

問われるライシテの未来

おそらく歴史に残るであろう二〇一五年という年は、パリの風刺紙シャルリ・エブド社襲撃事件で幕を開けた。一月七日、このエピローグを執筆中のことである。十一日には、レピュブリク(共和国)広場からナシオン(国民)広場にかけて、一二〇万人による「反テロ」抗議デモが行なわれた。本書序章で紹介した反バイルー法百万人デモも二一年前の同じ一月、氷雨のパリであった。ともに、「共和国」から「国民」をつなぐヴォルテール大通りが舞台である。ただ、一九九四年のあの日は〈教育をめぐるライシテ〉が課題であり、十字架と三色旗が相争うフランスの国内問題であったが、今回は舞台がはるかに大きく、対立の構図はさらに深刻である。「瀆神処刑 vs 言論の自由」の背後には、EU諸国におけるムスリム移民の増大と統合不全があり、これに欧米グローバリズムに挑むイスラム急進派のジハード(聖戦)という文明史的な衝突がからんでいる。シャルリ社襲撃に続いて、ナシオン広場の東、ポルト・ド・ヴァンセンヌのユダヤ系食品スーパーに、別のムスリム移民が立て籠もり、銃撃戦の末多数の死者が出た。その後もヨーロッパ各地でシナゴーグ(ユダヤ教会堂)やキリスト教会への襲撃が多発している。それに応戦するかのようにモスクの襲撃、ムスリムへの脅迫や移民排斥デモが後を絶たない。

そして、中東でカリフ制国家を宣言した「イスラム国」をめぐる血塗られた映像がこれに重なる。有志国連合の空爆と人質捕虜殺害の応酬、泥沼のパレスティナに輪をかけた「憎しみと報復の連鎖」が世界中に広がってゆく。

だが、冷静に歴史を振り返れば、ローマ帝国後期や中近世ヨーロッパ世界では、パウロ以後のキリスト教が世俗権力と一体となり、文化統合のかなめを担っていた。もちろん聖権(教皇)と俗権(皇帝・諸王)の対立はつねにあったし、異端審問や魔女狩りでの拷問・火あぶり、対異教十字軍での大量殺戮や略奪愚行は数知れなかった。十六世紀の宗教改革に続く宗教戦争は文字通り血で血を洗う「憎しみと報復の連鎖」であった。いずれも「神の名において」殺戮が正当化されていた理不尽な時代である。フランスでいえば、大革命以前は神に聖別された国王と特権貴族による専制支配の世であった。啓蒙思想が人間中心・世俗主義の考え方を広め、フランス革命下の非キリスト教化運動が聖俗一致の呪縛を強引に断ち切ろうとした。十九世紀のライシテ(脱宗教化・政教分離)への道のりは本書で紹介してきたとおりである。一般に、政治や社会における近代化とは「聖俗一致・神授王権」の世から「国民主権・主権在民」の世への脱皮であり、政治の脱宗教化すなわちライシテが指標のひとつであった(これらの指標を西欧中心主義として否定する立場があるのは承知しているが、今は括弧に入れて議論を進める)。

一九九四年と二〇一五年のパリ、ふたつの大デモを根底で支えているのは、つまるところ「神に依存しない市民の主権」すなわちライシテ原理であろう。共和政フランスが対峙した一九八〇年代までのカトリックと一九九〇年代以降のイスラム、原理的にはともに「聖俗一致」をもとめる二つの宗教共同体との確執を共和国はどう乗り越えたか、あるいは今後どう乗り越えようとしているのか。ここでは、この点に、すなわち宗教と政治、あるいは宗教と習俗・社会規範の関係に焦点をあわせて問題の所在を再確認しておきたい。

十字架と三色旗の「和解」――政教分離法（一九〇五年）のその後

ＥＵ各国首脳を先頭に、フランス全土で三七〇万人ともいわれる大デモがなぜ起こったのか、本書の読者にはすでにおわかりだろう。マニフェスタシオン（街頭直接抗議行動）が政策決定を左右する、いわゆる「マニフの政治文化」は大革命以来のフランスの伝統である。ここではあたかも「十字架と三色旗」から「ヘジャブと三色旗」の対立へと基軸の転換、アクターの交代があったかのように見える。たしかに主役は交代したが、フランスのカトリックはまだ重要な脇役として、あるいは共和国と和解したパートナーとして控えている。まずは、前世紀における十字架と三色旗の「和解」についておさらいしておこう。

第七章でも指摘したように、一九〇五年の政教分離法は、大革命以後「ふたつのフランス」のヘゲモニー闘争の帰結であった。だが、それはコンブの強硬な反教権主義ではなく、自由主義的な修正提案によって妥結したものである。主導したのは、後に不戦条約を担うあのブリアンであった。それは、反宗教的というよりは、脱宗教的なものであった。いわば共和派とカトリック教会の妥協の産物である。その後も、両者の対立点は時間をかけて徐々に緩和され、より柔軟に適用されるようになっていった。

国家は、カトリック教会の公的政治への介入を排除するが、教会が信仰の領域にとどまり、信者が個人的な宗教感情を礼拝という形式で表出するにとどまる限り、国家もまた宗教の聖域に踏み込まない。教会の自治、信者の自由を保障する。それは教会と世俗権力との妥協の産物、いわば「聖俗分離」の公的確認であった。

具体的に歴史をたどると、一九〇七年に政府が公的礼拝の自由を認め、教会施設の無償使用権を容認したことによって、教会も激しい実力阻止行動をやめた。やがて第一次世界大戦による挙国一致体制で両派は手を組むことになる。いわゆる神聖同盟(ユニオン・サクレ)である。この間、前線と銃後で教師と司祭の人間的交流があったことも大きい。修道会抑圧法(一九〇四年法)も停止され、一九一五年のブリアン内閣には、反教権派のコンブとならんでカトリック王党派のコシャンも入閣している。

第一次大戦後、フランス領に戻ったアルザス・ロレーヌではコンコルダートが継続された。海外植民地などでも例外措置がとられたため、「単一にして不可分の共和国」は貫徹していない。多分にご都合主義的ではあるが、かえってライシテの多元性、柔軟性に余地を残すことになりえた。一九二一年にはヴァチカンとも国交回復し、翌年即位したローマ教皇ピウス十一世の下で一九二三〜二四年の交渉を通じて暫定協約が成立する。いわゆる「ライシテ協約」である。この妥結はライシテの浸透により具体性を与えた。一九二四年、ピウス十一世の回勅によってフランスの司教区信徒会の結成があらためて容認されたのである。ちなみに第一次世界大戦の余禄としては、パリにモスクが出現したのが注目される。一九二六年、パリ市と国の補助金を得て建立された。これは、一九〇五年法に抵触する疑いもあったが、植民地のマグレブ系ムスリム兵士が七万人も「フランスのために命を捧げた」ことへの感謝の特例とされた。おなじく第一次大戦後、パリ周辺に多くの教区教会が建立されている。「枢機卿の工事現場」と揶揄された建設ラッシュであった。新規の礼拝場建設に年間一フランで九九年間の長期賃貸を認める新法がこれらを後押しした。

ただ、戦間期の和解はまだ不十分であり、教義解釈にかんするかぎりカトリックは納得していなかった。たとえば一九二五年のフランス大司教会議はライシテ関連法案の「無神論的性格」を非難し、「神の法」の絶対的優位についてこだわり続けている。またこの時代は左派の教員組合運動が強く、教育現場では道徳科目などをめぐって両者に緊張が走った。もっとも人民戦線内閣も、反教権的というより自由主義的な教育政策をとっている。校内ではいっさいの政治的・宗教的プロパガンダを「公平に」禁止した。

第二次大戦下では事情が一変する。周知のようにヴィシー政府はカトリック教会に親和的であった。一九四一年には、未譲渡の教会財産が司教区信徒会へ返還されたり、私立学校にも補助金が助成されることとなった(これは戦後に撤回される)。一九四二年四月には、修道会の教育活動を禁止した一九〇四年法を廃止した。また十二月には、礼拝用建物も歴史的記念建造物として公的補助の対象となるよう政教分離法第一九条を改正した。ナチに協力したヴィシー政府との蜜月は、カトリックのイメージダウンをもたらしたが、これら政教融和政策の多くは戦後にも引き継がれていく。

とはいえ、第二次大戦後、「国家レヴェルでのライシテ」はゆるぎないものとなる。一九四六年、第四共和政憲法第一条で、ライシテは憲法原則とされた。一九五八年の第五共和政憲法でも同様であった。しかし、教育分野ではまだ対立は残っており、「ライシテ紛争」は私立学校助成金問題として燻り続けていた。その意味でも一九五九年十二月三十一日のドブレ法は画期的である。私立校(大半はカトリック)への公的補助が容認されたのである。十九世紀のゴブレ法(一八八六年)以来の「公立校は公的資金、私立校は民間資金」という原則が崩れた。ドブレ法は、公立校と同じ教育プログラムを教える「契約」を結んだ私立校にたいしては国から補助金を出すこと、学校が(カトリック教会に)固有の性格を維持することを認める一方で、私立学校も生徒の信条の自由を尊重し、いかなる宗教を信仰しているかを問うことなく子供たちを受け入れるよう定めている。この改革に、ライシテ陣営の不満は爆発した。だが、一千万人以上の署名請願書を集めて反対運動を起こしたにもかかわらず廃案に追い込めず、これも徐々に定着していった。世論がアルジェリア戦争に集中していた事情もライシテ強硬派には痛手であった。六〇年代前半はまた第二ヴァチカン公会議によるカトリックの近代化路線も和解を後押しした。ドゴール、ポンピドゥー、ジスカールデスタンと続く保守・中道政権下で、公教育のライシテをめぐる対立は沈静化していったといえる。

だが、八〇年代に社会党ミッテラン政権が誕生すると、ライシテ派は思い出したかのように反転攻勢に出た。一九八四年サヴァリ法による公教育の一元化(多元性を含んだ一元化法案)をもくろんだが、序章でも言及したように、リュスティジェ枢機卿の呼びかけで百万人デモがヴェルサイユからパリへ攻めのぼり、あえなく廃案に追い込まれた。

つまるところ、ライシテはさらに弾力的に運用されるようになり、一九八六年には国営テレビ・ラジオにおける宗教放送が可能になったし、八七年には、宗教法人にたいする税制上の優遇も認められるようになった。ただ、一九九四年のバイルー法は、私も目撃した百万人デモで廃案となり、ライシテ派はかろうじて一矢を報いたのであった。こうしてカトリックとの一連の「学校戦争」は沈静化していく。

要するに、カトリックと共和政フランスは、二〇〇年近くの歳月をかけ、ようやく

「穏和なライシテ」に共存のための妥協点(平衡状態)を見出した。カトリックは、公的地位をすべて失ったわけではなく、政治への介入を希釈することによって人びとの心の安寧に貢献する「赦しと隣人愛の宗教」というイメージを確立した。カトリック・ユマニスムもフランスの重要な文化的感性として尊重される。各地のカテドラル、各街角の聖堂は、今なお各市町村のシンボルと目されている。カトリックがイスラムと異なり、フランスの風土と歴史に深く根差した宗教であったことを物語っている。クロード・ラングロワはかつて「カトリック教会と世俗国家の共犯関係」とさえ表現しているが、十字架と三色旗の和解は長い時間をかけてほぼ安定的な平衡状態を得たといえるだろう。

もとより教皇庁の変化も重要であった。第二ヴァチカン公会議(一九六二〜六五年)以降、ローマ教会はライシテを公認し、近代世界との和解、共存・共生を呼びかけている。それはやがてプロテスタント系のエキュメニズム(キリスト教諸派の統合)との対話、さらには世界のさまざまな宗教・宗派の融和・平和共存を訴える運動にまで歩み寄っている。

他方、急増する移民の絆としてのイスラムはこの和解と共存の流れに呼応できるのだろうか。原点回帰しようとするイスラム主義の本義は政教一致、聖俗不可分である。それはライシテと基本的には相容れない。日本にも多い多神教や不信仰者、不可知論や無神論的態度に、ムスリムはどこまで寛容でありうるのか、原理的なハードルは思いのほか低くない。

イスラム復興とライシテ——ヘジャブにたじろぐ三色旗

第七章で見たように、一九八九年十月、パリの北郊、クレイユのコレージュで三名の女生徒がヘジャブ(ヴェール)を纏って登場する。この「イスラム・スカーフ事件」をきっかけに、ライシテの主たるライヴァルがカトリックからイスラムにとって代わられた。だが、この事件は唐突に起こったわけではない。イラン・イスラム革命(一九七九年)以後盛んになったイスラム復興運動の流れを受けて、西欧諸国ではすでに八〇年代初頭から移民の文化統合に関する摩擦が多発していた。じつのところ、七〇年代までは西欧文化の影響を受けて、イスラム諸国でもヘジャブの着用はさほど盛んではなかった。とくに世俗的な政教分離体制をとっていたトルコやチュニジア、それに親欧米のパーレビ体制下のイランなどではヘジャブは禁止されてさえいた。ホメイニのイラン革命は、このイスラム世界の西欧化=世俗化への流れをみごとに逆転させた。パーレビ国王の近代化政策(モスク領を含む農地改革、工業化促進、女性参政権など)に逆らって、ヘジャブを纏った女性たちがホメイニのシャリーア(イスラム法)復興革命を後押ししたのは、歴史の皮肉と言うべきかも知れない。ヘジャブは八〇年代以降、イスラム主義(シャリーアの統治を拡大する運動)のシンボルとなっていった。女生徒のたんなる「おしゃれ」にとどまる次元のものではなかった。

ライシテへの挑発をおそれた当時のジョスパン教育相は「これ見よがしな宗教的標章」を禁止したが、最終判断は現場の裁量にゆだねられたため、教育・医療などの分野では以前からの軋轢がおさまらなかった。礼拝など宗教的理由での授業欠席、女子生徒の体育授業欠席、給食での別メニュー要求(食物タブー)、女性患者の男性医師忌避などが頻発した。要するに、移民社会の習俗がホスト国の社会慣習や市民法に抵触した場合、新世代の急進派ムスリムたちはそれに同化することなく、信仰の自由を根拠にマイノリティ文化の尊重を要求したのである。

クレイユの事件が偶発的なものでなかった根拠として、この一九八九年という年が歴史の一大転換点であったことを想起しておきたい。六月に天安門事件があり、十一月のベルリンの壁崩壊にいたる東欧の動揺がすでに先行していたことは周知のとおり。それらにも増して重要だったのは「『悪魔の詩』事件」である。台頭するイスラム主義と西欧的「表現の自由」が真正面から激突した。二月十四日、ホメイニ師は、小説『悪魔の詩』が預言者ムハンマドを冒瀆したとして、イギリス人作家ラシュディ(インド出身の元ムスリム)に死刑の「宣告」を行なった。イスラム法に基づいた全世界のムスリムへの教令(ファトワ)である。しかもムスリム系財団から二八〇万ドル(当時は三億六千万円相当)の懸賞金付きであった。各国で焚書や抗議デモ、発禁処分が行なわれ、ラシュディは以後イギリス当局の厳重な庇護のもとにおかれた(翻訳や出版に関わった者も同罪とされ、イタリアやノルウェーでは翻訳者が重傷を負い、日本でも九一年に訳者の筑波大助教授五十嵐一が学内で何者かに暗殺された。トルコでも九三年に翻訳者の集会が襲われ、三七名が死亡している。シャルリ・エブド以上の衝撃であった)。ここでも問われていたのは、やはり西欧的言論の自由とライシテであった。皮肉にも、フランス革命二〇〇周年のこの年、「フランス革命は人びとの心性を変えたか」というテーマが歴史家のあいだで論じられていた。私は当時、フランス革命を「習俗の革命」として捉えていた。それは本書の基調でもある。イスラム主義の政教一致、ヘジャブが表象するものの行方が気がかりでならなかった。

八〇年代以降、本国から家族を呼び寄せていたムスリムたちは、おのずと家賃の安い都市郊外に集住せざるを得ず、彼らに根強い家族主義・集団主義も手伝って独特の共同体居住区を形成する。政府の低家賃集合住宅政策もこの集住化を助長した。イギリス、オランダ、デンマークなど移民に同化を求めない「多文化主義」国家でよくあるように、フランスでもゲットーのような移民集住地区が形成された。失業・貧困・多子・劣悪な居住環境に加えて若者の非行・暴動などが頻発する「移民の郊外問題」が大都市近郊に噴出した。これに、公道での集団祈禱、食肉のハラール処理の異臭、眼しか露出しない漆黒のブルカやニカブ姿など、西欧社会にはあまり見なれない習俗が可視化され、一般市民にムスリムへの偏見を植え付けた。

他方、イスラム復興主義者には、本来のイスラム教はキリスト教以上に優れた、偶像崇拝もない一神教だという原理的自負があり、急進派は西欧社会におけるポルノや街娼の氾濫、事実婚、同性婚の容認など、家族規範の弛緩した頽廃的モラルを鋭く批判する（逆に、西欧側はイスラム法の一夫多妻制容認や、女性の人権抑圧などを批判している）。本国が植民地化された過去や被差別意識とないまぜになった一神教優越意識が、フランス共和国原理への統合を拒み、コミュノタリスム（共同体主義）の形成を後押しした可能性も否定できない。

九〇年代から世紀転換期には、極右政党の国民戦線が台頭しムスリム移民の排斥運動が激しさの度を増す一方、パレスティナ情勢のあおりでEU各地のシナゴーグが襲撃されるなど、反ユダヤ主義の動きも不穏な空気を醸し出した。共和国原理のもとでの国民統合をもとめるフランス政府は、各宗教・宗派間の融和をはかるため、学校では「世俗的な手法で宗教の歴史を教える」授業を導入し（一九九六年）、教員養成課程に「ライシテと宗教」の科目を設ける（二〇〇二年）など文化多元主義的な政策で相互理解をはかろうとした。つまり「宗教を教えないライシテ」ではなく「ライシテの原則にもとづいて宗教的事象を教える」方針に転換した。カトリック・プロテスタント・ユダヤ教の共和国との協調は、たぶんにイスラムの台頭を意識したものであった。

二〇〇一年「九・一一」でのグローバル・ジハードの炸裂以後、ライシテをめぐる対立が再燃した。二〇〇三年、ムスリム穏健派をライシテの枠内に取り込むための交渉団体として、CFCM(フランス・ムスリム評議会)が紆余曲折を経ながらも結成された。また同年、シラク政権は、スタジ、ドブレ、トゥレーヌ、ケペル、ボベロ、レモンらの識者を集め問題解決の答申を求めた。このスタジ委員会の答申をうけた政府は、二〇〇四年三月、宗教的標章規制法を制定し、公立校での、大十字架章(キリスト教)、キッパ(ユダヤ教)、ムスリムのヘジャブなど「特段に目立つ標章」の着用を禁止した。

翌二〇〇五年は政教分離法一〇〇周年であった。二月には、教皇ヨハネ・パウロ二世がフランスの司教会議宛てに書簡を送り、聖書に書かれた「カエサルのものはカエサルに、神のものは神に返せ」(ルカ福音書)を引用してフランスのライシテ原則との協働・相互尊重をあらためて呼びかけた。年末には、ライシテ研究の第一人者ジャン・ボベロ(プロテスタント系、宗教学者)の呼びかけに、三〇カ国、二五〇人の大学関係者が賛同した「二十一世紀世界ライシテ宣言」が発せられた。「民主的な公共秩序の枠内において、かつ基本的人権・宗教と思想信条の自律性を尊重するかぎりにおいて、ひとは良心の自由とその個人的・集団的実践を尊重される権利を有する。」この思想信条のなかには、イスラムやカトリックが原理的に容認しない無神論、不可知論も明記されている。この「神なき市民たち」と「神を崇める市民たち」が平等に共生できるかどうか、それがライシテの生命線である。

西欧のイスラム化？――近未来小説『服従』の世界

だが、内外の事態は世界ライシテ宣言に込められた希望を満たす方向には推移しなかった。この宣言への賛同呼びかけのあった十月、フランスでは、移民二世・三世の若者たちによる激しい郊外暴動がこれに応えた。時の内相サルコジが彼らを「社会のクズ」と呼び捨てて鎮圧したのは、まだ記憶に新しい。

さらにその直前の九月三十日には、デンマークの有力紙『ユランズ・ポステン』がムハンマドを揶揄する一二枚の風刺画を掲載したことを受けて、イスラム諸国はデンマーク政府に激しく抗議した。これにたいしてフランスを含む近隣の西欧諸国メディアは、表現の自由を擁護して風刺画を転載し、デンマーク政府も謝罪しなかったため問題がこじれた。

これは翌二〇〇六年にかけてイスラム諸国のデンマーク製品ボイコット、在デンマーク大使召還という外交問題にまで発展した。テヘランのオーストリア、デンマーク大使館は大デモに包囲され、火炎瓶が投じられた。この問題はその後も燻り続け、二〇〇八年二月デンマークで、その風刺漫画家の一人クルト・ベスタゴにたいする暗殺未遂で五名が逮捕されている。同年六月には、パキスタンのデンマーク大使館への自爆テロにより六名の死者が出た。二〇一〇年一月には再びベスタゴが襲われ、自宅に斧を持って押し入ったソマリア人ムスリムが逮捕された。同年十二月にはイラク系スウェーデン人によるストックホルム爆破事件も起きている。シャルリ・エブド社襲撃はこれらの延長線上の事件にすぎないと言えなくもない。

ただ、二〇〇五年以降、とりわけ近年二〇一〇年代の衝突には、それまでとは質的に異なる性格が読みとれる。端的にいえば、ホスト国の住民が「イスラム化される西欧」という幻影におびえ始めたことである。全欧で五五〇〇万人とも言われるムスリム系移民の増大が、移住によるものだけでなく新生児出生率の問題でもあるという事実が、移民排斥陣営とイスラム急進派双方から過度に喧伝されはじめた。近未来においてムスリムが多数派を占めるときがやってくるという極端なプロパガンダが対立を煽っている。ならせば人口の一割にも満たない国が多いのだが、集住化が進む大都市部ではより可視化が進む。フランスでは三人に一人はムスリムだと感じている市民が半ばを占めるという。

フランスは宗教人口統計をとらないので正確ではないが、ある研究所によると数年前に全土で五百万人およそ八%とされていた。おそらくすでに一〇%をこえているであろう。マルセイユではおよそ三〇%、パリの周辺部や郊外でもそれに近い数値があるという。ちなみに、多文化(隔離)主義的政策を取ったイギリスのロンドンなどでは、シャリーアによる統治地域が出現し、サウジの風紀警察のような住民監視パトロールの動画がネット上に踊っている。アンジェム・チョードリー(パキスタン移民二世の弁護士)らのアジテーションは激越で、「いずれムスリム人口が圧倒する。ノートルダムはモスクに変わる。さあヨーロッパ首長国連邦の始まりだ」と若者たちに呼びかける。これにたいし、二〇一四年ドイツのドレスデンでは「ペギーダ(西洋のイスラム化に反対する愛国的欧州人)」なる団体が結成され、イスラム移民排斥デモが毎週多くの参加者を集めている。

こうした状況下でフランスでは作家ウエルベクの小説『服従(Soumission)』が発売前から評判を取っていた。発売予告日は奇しくも二〇一五年一月七日、シャルリ・エブド事件当日であった。この近未来小説は、二〇二二年の大統領選挙で、ムスリム同胞団系のイスラム政党党首ムハンマド・ベン・アベス(Mohammed Ben Abbes)なる架空の人物が、国民戦線のマリーヌ・ルペンを打ち破り、フランスについにイスラム政権が成立するというプロットを立てている。前大統領オランドの社会党、中道左派のバイルーなどが、ＥＵ脱退を主張するルペンより、国立行政学院出の才気あふれるムスリムのほうを支持した結果だという。やや無理のある設定だが、イラン・イスラム革命と似通った連携であり、万が一これが現実化すればフランス社会はどう変わるのか、という強迫観念を刺激するにじゅうぶんであろう。

主人公フランソワはユイスマンス研究で学位をとったパリ大学文学部教授だが、「パリ・ソルボンヌ・イスラム大学」と改名した勤務先を、ムスリムへの改宗を拒否して辞職する。新学部の正門にはイスラムのシンボル、星と三日月が輝き、事務棟の応接室にはカーバ神殿のまわりを周回する巡礼者たちの写真が架けられ、事務室はどこも、コーランの一節が書かれたカリグラフで飾られる。しかも、秘書たちはみなヘジャブをまとい、彼の辞職書類を淡々と処理するのだった。社会のライシテ原則はつぎつぎと崩壊していく。自由恋愛はご法度となり見合い結婚の時代に逆行する。しかし(イランやサウジのように)一夫多妻制が認められるのだからあながち悪い話ではない、と主人公はシニカルに考える。

彼は十九世紀末耽美主義作家の研究家であり、語り口はあくまでも冷静かつニヒリスティックである。頽廃的西洋文明の没落を受け入れるフランソワは、新学長らと同様、最終的にはイスラムに改宗し新ソルボンヌに復職する。「私はなんら後悔しないだろう」という締めくくりの一言は逆説的であり、むしろ不気味な響きさえする。ただちにドイツ語訳が出されたそうだが、イスラム・ヘイトを助長しかねない小説であるのは確かだろう。この類の作品がベストセラーになること自体が近年のフランスや西欧諸国の心性を映している。

ちなみに、タイトルの『服従』は、一日に五回も床に頭をつけて平伏するあの礼拝スタイルへのイロニーであろう。そもそもイスラムとは「無謬の神への絶対的服従」という意味をもつ。平和を意味するという説もあり語義的には間違ってはいないが、イスラムの本義はやはり神への服従である。絶対的帰依と訳せば少しニュアンスが変わる。

「絶対神の下での信者の平等を説く教え」と解すればかなり好意的になるだろうか。それでも西欧市民社会はイスラム革命以後のイラン社会の激変やサウジアラビアのシャリーア体制を想起するであろう。ホメイニとともにたたかった社会主義者や世俗派の運動家たちは粛清され、異教徒らは二級市民かそれ以下の扱いを受けた。「イスラム国」から流される斬首や投石殺刑、古代石像破壊などの映像も奇妙な既視感をもって立ち現れる。

本書で見たように、フランスは大革命下のテルールや聖像破壊の記憶を持つ国民である。実行者は「一部の者」であっても、身に覚えがあるだけに恐怖心がつのる。シャリーアのもとでは、無神論者や多神教徒は処刑対象であり、おなじ「啓典の民」であるユダヤ教徒、キリスト教徒も二級市民とされ対等の寛容にはない。ムスリムの子は自動的にムスリムとなり棄教の自由もない。背教者や棄教者は原則として処刑対象である。異端とみなされた少数派には弾圧が待っている。これは中世キリスト教世界、十字軍の記憶でもある。

たしかに、ムスリムがマイノリティであるあいだは、彼らの要求は社会的弱者のプロテストとみなされ、西欧近代社会の側に度量が求められた。だが、ムスリムが政治的マジョリティを形成しイスラム法を施行する支配者となった暁《あかつき》にはどういう事態が起こるのか、新生児出生率の比較から欧州各国の非ムスリム市民はあらためて歴史の記憶を呼び覚まされたのだろうか。それは、フランス革命をはるかにしのぐ日常的習俗の「革命的変革」なのかもしれない、と。これはあきらかに過剰反応であろう。だが庶民の生活感覚は侮れない。民衆十字軍の再来が危惧される。

こうした歴史の歯車の逆行を防ぎ、文明の衝突を回避する手立てはあるのだろうか。どのような信仰を持つ個人や集団(無信仰も含む)にとっても「自由で開かれた社会」を形成するには何が必要であろうか。最後にこのプリミティヴだが切実な問題を考えてみたい。

イスラムはライシテを受容できるか？——イスラム法と近代市民社会

結論を先取りすれば、展望は必ずしも明るくない。だが絶望するにはあたらない。第七章の繰り返しになるが、とりあえずは公共生活空間から宗教・宗派の教義を棚上げにすること、政治と宗教を分離すること、つまりはライシテである。そして最終的にはすべての宗教が他宗徒や無信仰者と共存できる教義へと自己変革することが望まれる。とりわけイスラム教は一六億ともいわれる世界第二の、しかもまだ能動的な宗教である。ムスリム国家が近代市民法とどの程度折り合いをつけられるか、それが未来社会の鍵を握っていると言ってよい。

だが、いわゆるイスラム原理主義者にとって、ライシテはイスラムの本義と対極にある。彼らにとって、聖俗不可分のイスラム教はたんなる宗教というより、強力な社会規範(シャリーアによる統治)であり、神祭政治イデオロギー(無謬の絶対神アラーの意志を伝え、解釈する法学者・神学教導者による民衆統治)という性格が濃厚である。サウジアラビアとイランの統治体制はその実践例といえる。彼らが「イスラムすること」とは、この社会規範を世界中に広めることであり、それこそが服従契約を結んだ神の意志にかなうことだと確信している。政教分離やライシテは近代国民国家を支える原理であるのにたいして、イスラム法はムスリム一人ひとりにおよぶ属人法であり、国境を超えて適用される。それは欧米資本主義がもたらしたグローバル化に対抗しうる、もうひとつのグローバリズムである。反近代主義者や反国民国家の論客たちがイスラムに共感を寄せる根拠がここにある。

とはいえ、広義のイスラム諸国がすべて原理主義で染められているわけではもちろんない。国民の大半がムスリムであっても法的には世俗主義をとる国も少なくない。トルコやチュニジア、革命以前のイラン、それにエジプトなどは西欧世界との歴史的交流のなかで、近代市民法ないしそれに近い法治体制をつくりあげてきた。開発独裁体制と揶揄されながらもイラクやシリア、リビアなどでもシャリーアの統治は、イラク戦争や「アラブの春」以前は希薄なものにとどまっていた。第一次大戦まで長く続いた広範なオスマン・トルコ帝国の統治様式が、国事・行政にかんしては現地の慣習法や税制を取り入れることが不可欠であったからである。オスマン帝国民法典（メジェッレ）による柔軟な法治体制があり、シャリーアは家族法と一部の刑法に限られるようになった。またエジプトの法制はフランスモデルともいわれる。西アジアと北アフリカに「柔らかなシャリーア」による法政二元体制が大半を占めた時代があったことを記憶にとどめておきたい。近代市民法とイスラム法規範のあいだに「良識ある妥協」の余地がここに残されている。形容矛盾でない「イスラム・ライク」の可能性はまだある。

ただ、七世紀のムハンマドの時代をあくまでも理想視するイスラム復興主義者や、カリフ制国家再建を夢見る戦闘的原理主義者にとって、こうした柔らかい二元体制をとる世俗派はイスラムの本義から逸脱した背教者であり、ムスリム内部の打倒対象となる。大義は自分たちのほうにあると原理主義派が自負する背景には、イスラム教が「勝者の宗教」だという性格を念頭においておく必要があるだろう。たしかにイエス・キリストは反体制小集団のまま、異教徒の弾圧の前に磔刑にあった「敗者」である。すなわち原始キリスト教は「犠牲者の宗教」であった。「汝の敵を愛せ」「右の頬を打たれたら左の頬を出せ」という自省的な非暴力的規範があった。もちろんパウロ以降性格を変え、政治権力と提携する体制宗教となったが、「カエサルのものはカエサルに」と聖俗分離を可能にする教えが残っていた。これにたいし、アラーの預言者ムハンマドは中継貿易商出身であり、少壮のころはキャラバン隊を率いて盗賊と闘い、四十歳で啓示を受けてからは、在地の多神教徒が支配する諸部族をつぎつぎ武力制圧してアラビア半島西部を統一した軍事的英雄でもある。いわば宗教戦争の「勝者＝征服者」であった。イエスは神祭政治を行なえなかったが、ムハンマドは「アラーの神の啓示に基づく」さまざまな宗教的社会規範による統治を実現した。これがその後の両宗教の歩みを規定したことを否定できない。

原理主義者を後押しするいま一つの要因に、混迷する中東アラブ世界の黙示録的状況がある。「最後の審判」真近しという切迫感が、殉教者たちを鼓舞する。コーランの文言はここでも七世紀から甦ってくる。アラーの教えは時空を超える。進歩や近代化を評価することを不信仰の証しと断罪する神学者もいる。シャリーアの同害報復刑が今に残るのもこうした教義上の性格にもよっている。これらの預言の歴史性つまり時代制約性、地域制約性をイスラム神学者が論じるには想像を絶する勇気が要るだろう。だが、キリスト教が「ヨハネ黙示録」の世界を棚上げして「罰する神」から「赦す神」に軸足を移したように、イスラムも「最後の審判」を無限に先送りすることはできないだろうか。

もとより中東諸地域の内戦状況の克服が大前提なのだが、いずれはイスラムの教義自身の現代化、アップデートが望まれよう。まず、神祭政治イデオロギーからの脱皮、信仰の個人化と内面化(棄教の自由)、近代市民法(基本的人権)の受容、聖俗分離の容認、いずれも「柔らかいムスリム」のあいだではすでに行なわれている慣行である。さきごろ、エジプト大統領シーシがアズハル大学の有力神学者たちを前にして「イスラムには宗教革命が必要だ」と苦渋に満ちた表情で提言していた。真に寛容なイスラム信仰が成立したとき、「柔らかいライシテ」もまた可能になる。いつか「イスラムはいかにしてライシテを受け入れるに至ったか」という論文が書かれる日を期待したい。

〔二〇一五年三月九日〕

現代文庫版あとがき

本書のもととなった四六判の『十字架と三色旗』は、一九九七年十一月、山川出版社の叢書「歴史のフロンティア」の一冊として上梓されている。これには「もうひとつの近代フランス」というサブタイトルがついていた。まずこの副題の意味を思い起こしておきたい。旧版の脱稿は九七年七月であったが、作品の中味は一九八五年末に立ちあげた近代社会史研究会での諸報告がベースであり、なかでも八九年に書き下ろした「司祭と教師――十九世紀フランス農村の知・モラル・ヘゲモニー」(谷川他『規範としての文化』平凡社、一九九〇年)が後半部の骨格を成している。もっと遡れば「二月革命とカトリシスム」(阪上編『一八四八　国家装置と民衆』ミネルヴァ書房、一九八五年)が第五章に対応しているから、本書まで三〇年の月日を隔てている。

当時はアルチュセールやフーコーがもてはやされる一方で、フランス革命の再解釈が二百周年にむけて盛んであった。私は七〇年代に社会思想史(シモーヌ・ヴェイユとサンディカリスム)から出発したが、八〇年代には、もっと具体的な生身の人間の視線から歴史を読み直したいと思うようになっていた。いわゆる社会史的まなざしへの共感である。

フランス革命も「当時の人びとの暮らしに浸透している具体的な政治権力」の分析から読みかえねばならない。いわば、日常的習俗にひそむ権力の社会史からフランス革命を読み返す試みである。それは「フランス革命の一〇年は人びとの心性を変えたか？」という史家ヴォヴェルの問いかけを共有することであったが、彼の数量的方法による集合心性史に違和感をおぼえ、習俗の質的変化を分析できる具体的対象として、革命期の非キリスト教化運動と司祭たち、そして十九世紀農村の教会と学校、つまりは司祭と教師の葛藤に着目した。宗教と教育をモラル・ヘゲモニーという視角から論じるのは、フーコーやアルチュセールの視点とも重なるが、それを抽象的な歴史理論、シンプルな国家権力論として論じるのは私の性に合わなかった。それゆえ本書の前半部は「習俗の革命」としてフランス革命を読み解く作業であり、それはまた社会経済史に還元される階級闘争史という隘路に陥っていた正統ジャコバン史学からの脱却をも意味した。

こうして、社会史としてフランス革命を解釈しなおすことは、戦後史学においてながらく主流を占めていたルソー・ジャコバン的フランスとは異なる、ヴォルテール的フランスとでも形容すべき「もうひとつの近代フランス」を描き出す作業となった。それは、フランスの近代国民国家形成を、文化統合という視点から読み解く試みである。当然のことながら視野の広角性が要求され、革命期から十九世紀全般にわたる文化変容を見通さねばならない。やがてはライシテにつながる、この激しいモラル・ヘゲモニー闘争こそが、じつはフランス近代史に流れる主要な通奏低音だと考えた。その道筋を呈示することがこの書物の、初発の認識目標である。

本書で割愛した旧版の「あとがき」では、この認識目標とはべつに日本における外国史研究の在り方についても史料論・方法論をからめて一言している。気がかりだったのは西洋史というような外国史研究においても急速に専門分化が進み、重箱の隅を突くような瑣末実証主義の時代になっていたことである。ひと世代若い研究者のなかには現地の史料館に収蔵されている手稿史料を直接参照しないような研究は研究の名に値しないと公言するものが出てきており、その流れはハード・アカデミズムとして提唱されていく(やがてそれは「国際的に通用する歴史学」の名のもとに、文科省の意向にも合致して英語による講義の導入という今日の国策に道を開くことにもつながった)。

当時、科学研究費による短期海外調査が認められておらず、この主張には学生院生時代の長期留学が暗黙の前提とされていた。私はこの傾向に、自己のポストの特権性を自覚しない悪しき権威主義の臭いを感じ、こんな風に記している。「こうした〈帰化史学〉的論法は、どこか思い違いしているように思われる。活字文化が成熟していない前近代史の世界ならいざ知らず、近現代史においては、新聞、雑誌、議事録、回想録といった活字化された文献も立派な一次史料であり、しかも手稿史料より情報量が多いのが通例である。二十世紀史にいたっては、映像、写真、オーラル(聴き取り調査)など、非文献史料への目配りが不可欠となる」。さらに、同時代を生きた作家の小説や自伝なども目撃証言やひとつの解釈、世論の動向をあらわす有力な文献史料として状況証拠以上の価値があるのではないか、「第四章以下で、バルザック、フロベール、パニョルらの小説をふんだんに引用してみたのは、そのささやかな実験である」と書き添えている。つまるところ社会史的史料論の要約である。小説という、アクセスが在野の歴史家にも平等に開かれた文献を史料としてどう読み解くか、「読解」の歴史学こそ外国史家の腕の見せ所だと切り返したにすぎない。このエリート主義的な瑣末実証主義が、若き篤学をかえって現地の研究史の片隅に埋没させ、国際感覚からほど遠い視野狭窄に陥らせないかという危惧の表明であった。もっとも、現在では公費渡航が容易になり、史料の電子化が格段に進んだため、手稿史料へのアクセスの特権性も揺らぎつつあると聞く。むしろ電子図書館の普及によって歴史家の感性が鈍化することのほうが深刻なのかもしれない。

さて、有り難いことに旧版はかなり好意的に迎えられた。各種の学会誌や書評紙に第一線の方々から力のこもった書評をいただいている。思いつくだけでも、立川孝一、上垣豊、天野知恵子、渡辺和行、長井伸仁、平野千果子、小田中直樹らの諸氏から大先達の喜安朗氏にいたるまで、いずれも力のこもった論評で的確な批判もあった。これらの批判については、いずれ具体的な仕事で答えていく心算であった。だが、旧著公刊のほぼ二年後に身体的障害を負い、やがて内臓疾患にも波及したため二〇〇五年で研究・教育の前線から退くことを余儀なくされた。今回、文庫版化にあたり旧著・書評とも再読したが、やはり不完全燃焼の思いを隠せない。ただこの間、書評を頂いた方がたがそれぞれ着実に研究成果を公刊されたのをはじめ、仏文畑から工藤庸子氏、宗教学・社会学からは伊達聖伸、門脇健、杉本隆司氏、西洋史では前田更子、松嶌明男氏といった諸賢が関連するテーマについて大著や訳書をつぎつぎと上梓された。拙著がその触媒の役目をいくらかでも果たせたとすれば、これに勝る喜びはない。今さら老骨の「日曜歴史家」が屋上屋を架すには及ぶまい。奇跡的に与えられた残日は、ノラから我流で翻案した「記憶の場」の方法論を自分自身に適用する、いわば「終活の社会史」に費やそうかと思う。成算があるわけではない。それでも自らのキャリア・アップにしかならないハード・アカデミズムの後追いをするよりは意味があろうかと思う。できれば当面する歴史の「今」から目を背けることなく。

「今」といえば、四半世紀後の今日、ヨーロッパにおけるムスリム系移民の文化統合が、グローバル・ジハードとの関係であらためて焦点化している。多文化主義が事実上の隔離政策となって行き詰まり、異文化の衝突がさまざまな国や地域で暴力的様相を呈している。シャルリ・エブド襲撃になぜあれほどの抗議デモが行なわれるのか、フランスとヨーロッパは言論の自由や政教分離になぜここまでこだわるのか、旧著の読者には自明のことがらであろう。近代西欧の国民国家形成において世俗共和派とカトリックが長期にわたってくりひろげた葛藤の歴史を今一度ふりかえることは、昨今のイスラムとヨーロッパとのあらたな確執を理解するうえでも必要な作業だと確信する。

たしかに、移民にきびしく同化をもとめるフランスのライシテは、共和派原理主義的不寛容の典型として一部の識者のあいだで評判が悪かった時期がある。私自身も、紋切り型の近代国民国家批判に違和感をおぼえながら、素朴なマイノリティ擁護と多文化共生社会にかすかな希望を託した時代があった。それでも不可知論者であった私にはライシテは比較的ニュートラルに近い習俗コントロールのシステムだと思えた。第七章（旧版の終章）ではそう書いている。今一度冷静に考えてみると「一木一草に神が宿る」と素朴に考える人間を無明として排斥するような宗教がはたして寛容だろうか。絶対的帰依を迫る砂漠の一神教より法然や親鸞の「悪人正機説」のほうが、この四季に彩られた列島に生きる人びとにはふさわしいのではないか、などと考えるようになった。文庫版のためのエピローグを新たに書き下ろしたのはそのためである。多文化共生には、やはりライシテの歴史的再評価が必要だと思われる。エピローグに書いたように無信仰をふくめたあらゆる宗教的立場から等距離にある原理として「やわらかいライシテ」を練り直し、「やわらかいイスラム」とも手を携える、そうした未来が到来することを念じている。今回、増補されたこの文庫版がさらに多くの読者の目に触れる機会を得るなら、著者冥利に尽きるというものである。

最後に私事ながら、長期にわたるリハビリ生活で、ともすれば気力が萎えかかる私を支えてくださったすべての方がたにこの場を借りて御礼申し上げたい。「雨天の友こそ真の友」という言葉が身に沁みる年月であった。

なお、本書の刊行にあたっては、岩波現代文庫編集部の中西沢子さんにたいへんお世話になった。旧版の文庫化に理解を示された山川出版社の山岸美智子さんとあわせて、深く感謝申し上げる。有難うございました。

二〇一五年三月十五日

谷川　稔

本書は一九九七年十一月、山川出版社より刊行された。

現代文庫版刊行にあたって「十字架と三色旗、そしてヘジャブ――文庫版のためのエピローグ」を新たに書き下ろし、増補した。

岩波現代文庫[学術]

G323
世界史の構造
柄谷行人

世界史を交換様式の観点から捉え直し、人類社会の秘められた次元を浮かび上がらせた本書は、私たちに未来への構想力を回復させる。ロングセラーの改訂版。

G324
生命の政治学
―福祉国家・エコロジー・生命倫理―
広井良典

社会保障、環境政策、生命倫理――別個に扱われがちな課題を統合的に考察。新たな人間理解の視座と定常型社会を進める構想を示す。

G325
戦間期国際政治史
斉藤孝

二つの世界大戦の間の二〇年の国際政治史を、各国の内政史、経済史、社会史、思想史などの諸分野との関連で捉える画期的な概説書。〈解説〉木畑洋一

G326
十字架と三色旗
―近代フランスにおける政教分離―
谷川稔

フランス革命は人びとの生活規範をどう変えたのか？　革命期から現代まで、カトリック教会と共和派の文化的ヘゲモニー闘争のあとをたどる。

2015.5

G318
古代中国の思想
戸川芳郎

中国文明の始まりから漢魏の時代にいたる思想の流れを、一五のテーマで語る概説書。年表のほか詳細な参考文献と索引を付す。

G319
丸山眞男を読む
間宮陽介

丸山眞男は何を問い、その問いといかに格闘したのか。通俗的な理解を排し、「現代に生きる」ラディカルな思索者として描き直す、スリリングな力作論考。

G320
『維摩経』を読む
長尾雅人

汚濁の現実の中にあって。在家の人々を救うことを目的とした『維摩経』こそ、現代人にふさわしい経典である。経典研究の第一人者が読み解く。〈解説〉桂　紹隆

G321
イエスという経験
大貫　隆

イエスその人の言葉と行為から、その経験の全体像にせまる。原理主義的な聖書理解に抗してイエス物語を読みなおす野心的な企て。

G322
『涅槃経』を読む
高崎直道

釈尊が入滅する最後の日の説法を伝える経典。「仏の永遠性」など大乗仏教の根本真理が語られる。経典の教えを、分かりやすく解読する。〈解説〉下田正弘

岩波現代文庫[学術]

G313
デカルト『方法序説』を読む
谷川多佳子

このあまりにも有名な著作の思索のプロセスとその背景を追究し、デカルト思想の全体像を平明に読み解いてゆく入門書の決定版。

G314
デカルトの旅／デカルトの夢
―『方法序説』を読む―
田中仁彦

謎のバラ十字団を追うデカルトの青春彷徨と「炉部屋の夢」を追体験し、『方法序説』に結実した近代精神の生誕のドラマを再現。

G315
法華経物語
渡辺照宏

『法華経』は、代表的な大乗経典であり、仏教の根本テーマが、長大な物語文学として語られる。仏教学の泰斗による『法華経』入門のための名著。

G316
フロイトとユング
―精神分析運動とヨーロッパ知識社会―
上山安敏

精神分析運動の創始者フロイトと集合的無意識の発見者ユング。二人の出会いと別離に潜む現代思想のドラマをヴィヴィッドに描く。〈解説〉鷲田清一

G317
原始仏典を読む
中村元

原始仏典を読みながら、釈尊の教えと生涯を平明に解き明かしていく。仏教の根本的思想が、わかり易く具体的に明らかにされる。

2015.5

岩波現代文庫[学術]

G307-308
コロンブスからカストロまで(I・II)
―カリブ海域史、一四九二―一九六九―
E・ウィリアムズ
川北稔訳

帝国主義に侵され、分断されてきたカリブ海域の五世紀に及ぶ歴史を、同地出身の黒人歴史家で卓越した政治指導者が描く。(全2冊)

G309
中国再考
その領域・民族・文化
葛兆光
辻康吾監修
永田小絵訳

現在の中国は歴史的にいかに形成されたのか。歴史を考察して得られる理性によって民族主義的情緒を批判し、他国民と敬意をもって共存する道を探る。

G310
音楽史と音楽論
柴田南雄

人類史において音楽はどう変遷してきたか。本書は日本を軸に東洋・西洋の音楽史を共時的に比較する。実作と理論活動の精髄を凝縮。〈解説〉佐野光司

G311
医学者は公害事件で何をしてきたのか
津田敏秀

水俣病などの公害事件で、非科学的な論理を展開し被害者を切り捨ててきた学者の言動を検証し、その後の情報を加えた改訂版。

G312
過去は死なない
―メディア・記憶・歴史―
テッサ・モーリス-スズキ
田代泰子訳

長き論争を超えて、歴史への新たな対話はいかに可能か。過去のイメージを再生産する小説や映画など諸メディアの歴史像と対峙する。〈解説〉成田龍一

岩波現代文庫の発足に際して

新しい世紀が目前に迫っている。しかし二〇世紀は、戦争、貧困、差別と抑圧、民族間の憎悪等に対して本質的な解決策を見いだすことができなかったばかりか、文明の名による自然破壊は人類の存続を脅かすまでに拡大した。一方、第二次大戦後より半世紀余の間、ひたすら追い求めてきた物質的豊かさが必ずしも真の幸福に直結せず、むしろ社会のありかたを歪め、人間精神の荒廃をもたらすという逆説を、われわれは人類史上はじめて痛切に体験した。

それゆえ先人たちが第二次世界大戦後の諸問題といかに取り組み、思考し、解決を模索したかの軌跡を読みとくことは、今日の緊急の課題であるにとどまらず、将来にわたって必須の知的営為となるはずである。幸いわれわれの前には、この時代の様ざまな葛藤から生まれた、人文、社会、自然諸科学をはじめ、文学作品、ヒューマン・ドキュメントにいたる広範な分野のすぐれた成果の蓄積が存在する。

岩波現代文庫は、これらの学問的、文芸的な達成を、日本人の思索に切実な影響を与えた諸外国の著作とともに、厳選して収録し、次代に手渡していこうという目的をもって発刊される。いまや、次々に生起する大小の悲喜劇に対してわれわれは傍観者であることは許されない。一人ひとりが生活と思想を再構築すべき時である。

岩波現代文庫は、戦後日本人の知的自叙伝ともいうべき書物群であり、現状に甘んずることなく困難な事態に正対して、持続的に思考し、未来を拓こうとする同時代人の糧となるであろう。

（二〇〇〇年一月）

十字架と三色旗—近代フランスにおける政教分離

2015年5月15日　第1刷発行

著　者　谷川《たにがわ》　稔《みのる》

発行者　岡本　厚

発行所　株式会社　岩波書店
〒101-8002 東京都千代田区一ツ橋2-5-5

案内03-5210-4000　販売部03-5210-4111
現代文庫編集部03-5210-4136
http://www.iwanami.co.jp/

印刷・精興社　製本・中永製本

ISBN 978-4-00-600326-5　Printed in Japan

索　引

ア 行

カ 行

サ 行

マ 行

参考文献

序章　もうひとつの近代フランス

Les journaux: *Le Parisien. Info Matin. Libération. Le Nouvel Observateur. Le Monde.*(n° du lundi 17 janvier 1994)

Bernard-Griffiths, Simone et al.(ed.). *Révolution française et 〈vandalisme révolutionnaire〉*, Paris, 1992.

Eveno, Alphonse. *Cent ans de guerre scolaire*, Paris, 1992.

Leclerc, Gérard. *La bataille de l'école: 15 siècles d'histoire 3 ans de combat*, Paris, 1985.

Prost, Antoine. *Education, société et politiques: Une histoire de l'enseignement en France, de 1945 à nos jours*, Paris, 1992.

Réau, Louis. *Histoire du vandalisme*, Paris, 1994.

谷川稔「〈Laïcité〉のフランス ── 反バイルー法デモによせて」(『日仏歴史学会会報』第10号，1994年12月)

同「もうひとつのフランス近代史のために」(遅塚忠躬・近藤和彦編『過ぎ去ろうとしない近代 ── ヨーロッパ再考』山川出版社，1993年)

第1章　カトリック的フランスの解体

Aimond, Mgr Charles. *Histoire religieuse de la Révolution dans le département de la Meuse et le diocèse de Verdun(1789-1802)*, Paris, 1949.

Bois, Paul. *Paysans de l'Ouest*, Paris, 1984(2e éd.).

Chevalier, Jules. *L'église constitutionnelle et la persécution religieuse dans le département de la Drôme pendant la Révolution(1790-1801)*, Valence, 1919.

Christophe, Paul. *1789, les prêtres dans la Révolution*, Paris, 1986.

Cousin, Bernard et al. *La pique et la croix: Histoire religieuse de la*

Révolution française, Paris, 1989.

De La Gorce, Pierre. *Histoire religieuse de la Révolution française*, 5 vol., Paris, 1912–1923.

Désert, Gabriel. *L'Église et la Révolution*, Paris, 1989.

Fauchois, Yann. *Religion et France révolutionnaire*, Paris, 1989.

Flament, Pierre. *Deux mille prêtres normands face à la Révolution 1789–1801*, Paris, 1989.

Franclieu, A.-M. de. *La persécution religieuse dans le département de l'Isère*. Grenoble, 1904.

Furet, François. *La Révolution 1770–1880(Histoire de France*, t. 4*)*, Paris, 1988.

Gautherot, Gustave. *Gobel, évêque métropolitain constitutionnel de Paris*, Paris, 1911.

Gobry, Ivan. *La Révolution française et l'église*, Lyon, 1989.

Grosperrin, Bernard. *Les petites écoles sous l'Ancien Régime*, Rennes, 1984.

Herissay, Jacques. *Les journées de septembre 1792*, Paris, 1945.

Langlois, Claude et al. *Atlas de la Révolution française, t. 9 Religion*, Paris, 1996.

Le Goff, Jacques et Rémond, René. *Histoire de la France religieuse*, t. 3, 4, Paris, 1991.

Mathiez, Albert. *Contributions à l'histoire religieuse de la Révolution française*, Paris, 1907.

id. *La Révolution et l'église*, Paris, 1910.

id. *Les origines des cultes révolutionnaires(1789–1792)*, Paris, 1904.(杉本隆司訳『革命宗教の起源』白水社，2012 年)

Meyer, Jean-Claude. *La vie religieuse en Haute-Garonne sous la Révolution*, Toulouse, 1982.

Pinsseau, Pierre. *Un curé constitutionnel l'Abbé Vallet: Député à l'Assemblée Nationale Constituante*, Clermont-Ferrand, 1941.

Pisani, P. *L'église de Paris et la Révolution*, 4 vol., Paris, 1908–11.

Plongeron, Bernard. *La vie quotidienne du clergé français au XVIII*[e]

siècle, Paris, 1974.
id. *Les réguliers de Paris devant le serment constitutionnel: Sens et conséquences d'une option, 1789–1801*, Paris, 1964.
id. *L'Abbé Grégoire ou l'Arche de la Fraternité*, Paris, 1989.
Quéniart, Jean. *Les hommes, l'église et dieu dans la France du XVIIIe siècle*, Paris, 1978.
Sciout, Ludovic. *Histoire de la constitution civile du clergé, 1790–1801*, 4 vol., Paris, 1872.
Sicard, L'abbé. *L'ancien clergé de France*, 3 vol., Paris, 1893.
Tackett, Timothy. *Religion, Revolution, and Regional Culture in Eighteenth-century France*, Princeton, 1986.
Tilly, Charles. "Civil Constitution and Counter-Revolution in Southern Anjou", *French Historical Studies*, 1–2, 1959.
Viguerie, Jean de. *Le catholicisme des français dans l'ancienne France*, Paris, 1988.
Voies nouvelles pour l'histoire de la Révolution française, Actes du Colloque Albert Mathiez-Georges Lefebvre de 1974, Paris, 1978.
Vovelle, Michel. *Religion et Révolution, la déchristianisation de l'an II*, Paris, 1976.
id. *La Révolution contre l'Église: De la Raison à l'Être suprême*, Bruxelles, 1988.(谷川・天野他訳『フランス革命と教会』人文書院，1992年)

桑原武夫編『フランス革命の研究』岩波書店，1959年
L・J・ロジエ他(上智大学中世思想研究所編訳)『キリスト教史(7) 啓蒙と革命の時代』講談社，1981年
天野知恵子「アンシァン・レジーム期における〈小さな学校〉」(『思想』741号，1986年)
河野健二編『資料フランス革命』岩波書店，1989年
服部春彦・谷川稔編著『フランス近代史 —— ブルボン王朝から第五共和政へ』ミネルヴァ書房，1993年
柳原邦光「フランス革命と長期的持続 —— 聖職者リクルートと宣誓問

題を通して」(岡本明編著『支配の文化史 ── ヨーロッパの解読』ミネルヴァ書房，1997 年)

第 2 章　〈転向〉聖職者の陳情書 ── カプララ文書の世界

Sources manuscrites:

Archives de la légation du cardinal Caprara en France.(Archives nationales. les cotes AF/IV/1887 à 1932 et F[19] 1906 à 1923.)

Charon-Bordas, Jeannine. *Inventaire des archives de la légation en France du cardinal Caprara(1801-1808)*, Paris, 1975.

id. *La légation en France du cardinal Caprara, 1801-1808*, Paris, 1978.

Crétineau-Joly, J.(ed.). *Mémoires du cardinal Consalvi*, 2 vol., Paris, 1864.

Grégoire, Henri. *Histoire du mariage des prêtres en France*, Paris, 1826.

Langlois, Claude et al. 'Les vaincus de la Révolution: Jalons pour une sociologie des prêtres mariés', dans *Voies nouvelles pour l'histoire de la Révolution française*, Actes du Colloque Mathiez-Lefebvre de 1974, Paris, 1978.

Mathiez, Albert. "Les prêtres révolutionnaires devant le Cardinal Caprara", *AHRF*, N° 13, 1926.

Vovelle, Michel. *La Révolution contre l'Église: De la Raison à l'Être suprême*, Bruxelles, 1988.(谷川・天野他訳『フランス革命と教会』前掲)

柳原邦光「革命暦第二年の非キリスト教化運動とカトリック聖職者」(『史学研究』180 号，1988 年)

谷川稔「破戒僧たちのその後 ── カプララ文書をめぐって」(『奈良女子大学文学部研究年報』第 38 号，1994 年)

第 3 章　文化革命としてのフランス革命

Aulard, Alphonse. *Le culte de la raison et le culte de l'Être suprême*

(1793-1794), Paris, 1892.
id. *La Révolution française et les congrégations*, Paris, 1903.
Bianchi, Serge. *La révolution culturelle de l'an II*, Paris, 1982.
Certeau, Michel de et al. *Une politique de la langue: la Révolution française et les patois*, Paris, 1975.
Figuères, R. de. *Index des noms révolutionnaires des communes de France*, Paris, 1896.
Furet, François. *La Révolution 1770-1880(Histoire de France*, t. 4*)*, Paris, 1988.
Hunt, Lynn. *Politics, Culture, and Class in the French Revolution*, Berkeley, 1984.(松浦義弘訳『フランス革命の政治文化』平凡社, 1989年)
Le Goff, Jacques et Rémond, René. *Histoire de la France religieuse*, t. 3, 4, Paris, 1991.
Ozouf, Mona. *La fête révolutionnaire 1789-1799*, Paris, 1976,(立川孝一訳『革命祭典』岩波書店, 1988年)
Quinet, Edgar. *Le christianisme et la Révolution française*, Paris, 1845.
Vovelle, Michel. *La mentalité révolutionnaire*, Paris, 1985.(立川・槙原他訳『フランス革命の心性』岩波書店, 1992年)
id. *La Révolution contre l'Église: De la Raison à l'Être suprême*, Bruxelles, 1988.(谷川・天野他訳『フランス革命と教会』前掲)

桑原武夫編『フランス革命の研究』前掲
梅根悟監修『世界教育史大系・フランス教育史Ⅰ』講談社, 1975年
天野知恵子「ことば・革命・民衆」(『社会史研究』第6巻, 1985年)
同「フランス革命期の地方言語問題」(『和歌山大学紀州経済史・文化史研究所紀要』第11号, 1991年)
河野健二編『資料フランス革命』前掲
L・S・メルシエ(原宏編訳)『一八世紀パリ生活誌』上・下, 岩波書店, 1989年
立川孝一『フランス革命と祭り』筑摩書房, 1988年

服部春彦・谷川稔編著『フランス近代史』前掲

第4章　十九世紀の「村の司祭」と「田舎教師」

Balzac, Honoré de. *Le curé de village*, Paris, Gallimard 〈collection folio〉, 1975.[1er éd., 1841](加藤尚宏訳『村の司祭』〈バルザック全集〉第21巻，東京創元社，1975年)

id. *Le curé de Tours*.[1er éd., 1832」(水野亮訳『トゥールの司祭』〈バルザック全集〉第20巻，同上)

Borgé, Jacques et Viasnoff, Nicolas. *Archives des instituteurs*, Paris, 1995.

Boulard, Fernand et Hilaire, Yves-Marie. *Matériaux pour l'histoire religieuse du peuple français XIXe–XXe siècles*, t. 2, Paris, 1987.

Cholvy, Gérard et Hilaire, Yves-Marie. *Histoire religieuse de la France contemporaine*, 3 vol., Toulouse, 1986.

Coutrot, Aline et Dreyfus, François. *Les forces religieuses dans la société française*, Paris, 1965.

Furet, François et Ozouf, Jacques. *Lire et écrire*, 2 vol., Paris, 1977.

Gilbert, Nicolas. *Instituteurs entre politiques et religion*, Rennes, 1993.

Giolitto, Pierre. *Abécédaire et férule: maîtres et écoliers de Charlemagne à Jules Ferry*, Paris, 1986.

Godel, Jean. *La reconstruction concordataire dans le diocèse de Grenoble après la Révolution(1802–1809)*, Grenoble, 1968.

Gontard, Maurice. *Les écoles primaires de la France bourgeoise: 1833–1875*, Toulouse, 1976.

Haensler, Alphonse. *Curé de campagne*, Paris, 1978.

Laprevote, Georges. *Les écoles normales primaires en France 1879–1979*, Lyon, 1984.

Launay, Marcel. *Le bon prêtre: le clergé rural au XIXe siècle*, Paris, 1986.

Le Bras, Gabriel. *L'église et le village*, Paris, 1976.

Ledré, Charles. *La presse à l'assaut de la monarchie 1815–1848*, Paris, 1960.

Parias, Louis-Henri. *Histoire générale de l'enseignement et de l'éducation en France*, t. 1, 2, Paris, 1981.

Pierrard, Pierre. *La vie quotidienne du prêtre français au XIXe siècle: 1801–1905*, Paris, 1986.

id. *Histoire des curés de campagne de 1789 à nos jours*, Paris, 1986.

id. *Le prêtre français du Concile de Trente à nos jours*, Paris, 1986.

id. *L'église et les ouvriers en France(1840–1940)*, Paris, 1984.

Reboul-Scherrer, Fabienne. *La vie quotidienne des premiers instituteurs, 1833–1882*, Paris, 1989.

Strumingher, Laura-S. *Primary Education in Rural France*, New York, 1983.

Villin, Marc et Lesage, Pierre. *La galerie des maîtres d'école et des instituteurs 1820–1945*, Paris, 1987.

谷川稔他『規範としての文化 ── 文化統合の近代史』平凡社，1990年

梅根悟監修『世界教育史大系・フランス教育史Ⅱ』講談社，1975年

第5章　第二共和政期の司祭と教師

Bardet, J.-P. et Motte, Cl.(ed.) *Paroisses et communes de France, t. 38: Isère*, Paris, 1983.

Cogniot, Georges. *La question scolaire en 1848 et la loi Falloux*, Paris, 1948.

Corbin, Alain. *Le village des cannibales*, Paris, 1990.(石井洋二郎・啓子訳『人喰いの村』藤原書店，1997年)

Esmonin, Ed. et al. *La Révolution de 1848 dans le département de l'Isère*, Grenoble, 1949.

Falloux, Le Comte de. *Mémoires d'un royaliste*, 2 vol., Paris, 1888.

Flaubert, Gustave. *Bouvard et Pécuchet*, Paris, 1950.[1er éd., 1880](新庄嘉章訳『ブヴァールとペキュシェ』〈フローベール全集〉第5巻，筑摩書房，1966年)

Girard, Louis. *Nouvelle histoire de Paris: 1848–1870*, Paris, 1981.

Jouin, Henry. *Falloux et le monument commémoratif de la loi de*

1850 sur la liberté d'enseignement au Bourg-d'Iré(Maine-et-Loire) 7 juillet 1912, Paris, 1913.

Laugardière, Maurice de. *Le clergé du Berry aux élections de 1848*, Paris, 1958.

Launay, Marcel. *Le diocèse de Nantes sous le second empire*, 2 vol., Nantes, 1982.

Maurain, Jean. *La politique ecclésiastique du second empire de 1852 à 1869*, Paris, 1930.

Michel, Henry. *La loi Falloux, 4 janvier 1849–15 mars 1850*, Paris, 1906.

Pierrard, Pierre. *1848...les pauvres, l'évangile et la Révolution*, Paris, 1977.

Singer, Barnett. *Village Notables in 19th Century France*, New York, 1983.

Zeldin, Theodore(ed.). *Conflicts in French Society*, London, 1970.

B・ド・ソーヴィニー(上智大学中世思想研究所編訳)『キリスト教史(8) ロマン主義時代のキリスト教』講談社，1982 年

谷川稔「二月革命とカトリシスム」(阪上孝編『1848 国家装置と民衆』ミネルヴァ書房，1985 年)

小田中直樹『フランス近代社会 1814～1852』木鐸社，1995 年

第 6 章　第三共和政下の学校と教会

Sources manuscrites：1902 年の修道会系学校閉鎖をめぐる紛争については，Archives nationales 所蔵の Cote F^{19} 6086, F^{17} 9194. 1906 年の教会財産目録調査をめぐる紛争については，同じく Cote F^{19} 1974, F^{7} 12715. その他，大蔵省文書室，パリ大司教座文書室所蔵のものも参照した．

Les journaux: *La Croix*(janv.-avril 1902, janv.-avril 1906). *Le Matin*(avril-juin 1906). *Le Sillon*(1906). *Le Temps*(mai-août 1906). *La Vérité Française*(mai-août 1906). *Illustration*(1902–6).

Agulhon, Maurice. *Marianne au combat: l'imagerie et la symbolique*

républicaines de 1789 à 1880, Paris, 1979.（阿河・加藤他訳『フランス共和国の肖像――闘うマリアンヌ　1789〜1880』ミネルヴァ書房，1989 年）

id. *La république: 1880 à nos jours*, Paris, 1990.

Barral, Pierre. *Le département de l'Isère sous la troisième république*, Paris, 1962.

Bée, Michel et al. *Mentalités religieuses dans la France de l'Ouest aux XIXe et XXe siècles: études d'histoire sérielle*, Caen, 1976.

Briand, Jean-Pierre et al. *L'enseignement primaire et ses extentions 19e-20e siècles: Annuaire statistique*, Paris, 1987.

Combes, Emile. *Une campagne laïque (1902-1903)*, Paris, 1904.

id. *Mon ministère: Mémoires 1902-1905*, Paris, 1956.

Croix, Alain (ed.). *Les bretons et dieu: Atlas d'histoire religieuse, 1300-1800*, Rennes, 1985.

Dupuy, Fernand. *Jules Ferry: Réveille-toi*, Paris, 1981.

Duveau, Georges. *Les instituteurs*, Paris, 1957.

Faury, Jean. *Cléricalisme et anticléricalisme dans le Tarn (1848-1900)*, Toulouse, 1980.

Ferry, Jules. *Lettres de Jules Ferry 1846-1893*, Paris, s.d.

Ford, Caroline. "Religion and the Politics of Cultural Change in Provincial France: The Resistance of 1902 in Lower Britany", *Journal of Modern History*, 62-1, 1990.

Furet, François (ed.). *Jules Ferry, fondateur de la République*, Paris, 1985.

Gaillard, Jean-Michel. *Jules Ferry*, Paris, 1989.

Giraud, Michel. *Raconte-moi, Marianne...*, Paris, 1984.

Lafon, Jacques. *Les prêtres, les fidèles et l'état*, Paris, 1987.

Lagrée, Michel. *Mentalités, religion et histoire en Haute-Bretagne au 19e siècle*, Paris, 1977.

id. *Religion et cultures en Bretagne, 1850-1950*, Paris, 1992.

Laprévote, Gilles. *Les écoles normales primaires en France 1879-1979*, Lyon, 1984.

Le Gallo, Yves. *Clergé, religion et société en Basse-Bretagne*, 2 vol., Paris, 1991.

Luc, Jean-Noël. *La statistique de l'enseignement primaire 19e–20e siècles*, Paris, 1985.

Luc, Jean-Noël et Barbe, A. *Des Normaliens*, Paris, 1982.

Mauduit, Anne-Marie et Jean. *La France contre la France*, Paris, 1984.

Mayeur, Jean-Marie. *La séparation des églises et de l'état*, Paris, 1991.

Merle, Gabriel. *Emile Combes*, Paris, 1995.

Ory, Pascal. *L'expo universelle*, Bruxelles, 1989.

Ozouf, Jacques. *Nous les maîtres d'école*, Paris, 1967.

id. *L'école de la France*, Paris, 1984.

Ozouf, Mona. *L'École, l'Église et la République 1871–1914*, Paris, 1982.

Peneff, Jacques. *Ecoles publiques, écoles privées dans l'Ouest 1880–1950*, Paris, 1987.

Pommarède, Pierre. *La séparation de l'église et de l'état en Périgord*, Périgueux, 1976.

Prost, Antoine. *Histoire de l'enseignement en France: 1800–1967*, Paris, 1968.

Rambaud, Alfred. *Jules Ferry*, Paris, 1903.

Sorlin, Pierre. *Waldeck-Rousseau*, Paris, 1966.

石原司「急進派とその政治行動」(山本桂一編『フランス第三共和政の研究』有信堂，1966 年)

谷川稔他『規範としての文化』前掲

M・パニョル(佐藤房吉訳)『父の大手柄』評論社，1991 年

服部春彦・谷川稔編著『フランス近代史』前掲

第 7 章　世俗原理〈ライシテ〉の国家，フランス

タハール・ベン・ジェルーン(高橋治男・相磯佳正訳)『歓迎されない人々 ── フランスのアラブ人』晶文社，1994 年

内藤正典『アッラーのヨーロッパ――移民とイスラム復興』東京大学出版会，1996 年

十字架と三色旗，そしてヘジャブ――文庫版のためのエピローグ

Baubérot, Jean. *Laïcité 1905-2005, entre passion et raison*, Paris, 2004.
Houellebecq, Michel. *Soumission*, Paris, 2015.

小山勉『教育闘争と知のヘゲモニー』お茶の水書房，1998 年
C・ラングロワ(谷川訳)「カトリック教会と反教権＝世俗派」(P・ノラ編，谷川稔他監訳『記憶の場』第 1 巻，岩波書店，2002 年)
小泉洋一『政教分離の法』法律文化社，2005 年
谷川・渡辺編『近代フランスの歴史』ミネルヴァ書房，2006 年
工藤庸子『宗教 VS. 国家』講談社，2007 年
工藤庸子『フランスの政教分離』左右社，2009 年
工藤庸子『近代ヨーロッパ宗教文化論』東京大学出版会，2013 年
伊達聖伸『ライシテ，道徳，宗教学』勁草書房，2010 年
R・レモン(工藤・伊達訳)『政教分離を問いなおす』青土社，2010 年
J・ボベロ，門脇健編著『揺れ動く死と生』晃洋書房，2009 年
J・ボベロ(三浦・伊達訳)『フランスにおける脱宗教性の歴史』白水社，2009 年
前田更子『私立学校からみる近代フランス』昭和堂，2009 年
松嶌明男『礼拝の自由とナポレオン』山川出版社，2010 年
梶田孝道編『ヨーロッパとイスラム』有信堂，1993 年
小杉泰『ムハンマド』山川出版社，2002 年
池内恵『現代アラブの政治思想』講談社，2002 年
内藤正典『ヨーロッパとイスラーム』岩波書店，2004 年
大河原知樹・堀井聡江『イスラーム法の変容』山川出版社，2015 年
池内恵『イスラーム国の衝撃』文芸春秋社，2015 年
中田考『イスラーム　生と死と聖戦』集英社，2015 年

関連略年表（イタリック体は月を示す）

1516　ボローニャの宗教協約
1545　トリエント公会議(〜63)
1562　宗教戦争開始
1598　ナントの勅令発布，宗教戦争終結

1667　教区簿冊の戸籍化にかんする民事王令
1685　フォンテーヌブロー勅令(ナントの勅令廃止)

1789　*7* バスチーユ攻略．*8* 封建制廃止決議．*11* 教会財産国有化
1790　*2* 修道誓願廃止，修道院統廃合．*7* 聖職者民事基本法．*11* 聖職者に基本法への宣誓を義務化(拒否僧解任)
1791　*4* 宣誓僧による立憲教会体制成立
1792　*9* 九月虐殺，戸籍の世俗化，離婚法
1793　*1* ルイ 16 世の処刑．*3* ヴァンデの反乱．*5* ブキエ案に沿った初等学校法成立．*10* 非キリスト教化運動激化(〜94 春)．*11* 聖職放棄の強要と妻帯強制始まる．理性の祭典，共和暦採用
1794　*6* 最高存在の祭典．*7* テルミドールの反動
1795　*10* 公教育組織法(ドヌー法)成立
1799　*11* ブリュメールのクーデタ，統領政府成立(〜1804)

1801　*7* コンコルダート(政教協約)締結
1802　*8* 教皇特使カプララ赴任
1804　*5* ナポレオン皇帝即位，第一帝政(〜15)
1808　*2* ヴァチカンと国交断絶
1814　*4* 第一王政復古，ルイ 18 世即位
1815　*3* 百日天下．*6* 第二王政復古，カトリック国教化
1824　*12* シャルル 10 世即位(〜30)
1830　*7* 七月革命．*8* 七月王政成立(〜48)

1833 自治体に初等学校・初等師範学校の設置を義務づけるギゾー法
1848 *2* 二月革命，第二共和政成立(〜52)
6 六月蜂起，教育の無償・義務・世俗化をはかるカルノー法提出(廃案)
1850 *3* ファルー法成立(公教育への教会の進出)
1852 *12* ナポレオン3世即位，第二帝政成立(〜70)
1859 *5* イタリア統一戦争に介入，オーストリア軍をソルフェリーノで破る
1860 *11*「自由帝政」へ(対教会政策の転換)
1870 *7* 普仏戦争．*9* ナポレオン3世スダンで降伏(第二帝政崩壊)
1871 *3* パリ・コミューン成立宣言．*5* パリ・コミューン壊滅
8 チエール大統領就任，第三共和政成立
1873 *5* 王党派のマクマオン，大統領に就任
9 王政復古の企て，二派対立で不発に終わる
1875 第三共和政憲法(ヴァロン修正案)成立
1877 *6* マクマオン，王政復古を企図
1879 *1* マクマオン辞任，グレヴィ大統領就任．ラ・マルセイエーズ国歌となる
1880 *3* 無認可修道会を規制する大統領令
7「7月14日」建国記念の祝祭日となる(三色旗の正式採用)
1881 *6* 初等教育無償法(フェリー法)
1882 *3* 初等教育の義務化・世俗化法(フェリー法)
1889 *4* ブーランジェ将軍クーデタに失敗．*7* フランス革命百年祭，パリ万国博覧会，エッフェル塔完成
1891 *5* カトリックの共和政支持を促す教皇回勅(ラリマン)
1898 *1* ゾラの公開質問状，ドレフュス事件紛糾化

1901 *7* 修道会の認可制を強化する結社法成立
1902 *6* コンブ内閣成立，教会との対立激化(無認可修道会の追放)
1904 *7* 修道会による教育の禁止令，教皇庁と断交
1905 *12* 政教分離法
1906 *1* 教会財産調査，各地で「宗教戦争」再燃(〜*2*)

1907 *1〜3* 公的礼拝の自由にかんする諸法
1914 *7* 第一次世界大戦，挙国一致内閣
1921 *5* ヴァチカンとの国交回復
1924 *1*「ライシテ協約」司教区信徒会容認
1926 *7* パリにモスク建立
1940 第二次世界大戦下，ヴィシー政府の親カトリック政策(〜42)
1946 *10* 第四共和政憲法にライシテ原則明記
1959 *12* 私学への公的助成を認めるドブレ法
1962 *10* 第二ヴァチカン公会議(〜65)．公的ライシテと宗教的自由の容認
1979 *1* イラン・イスラム革命　イスラム復興運動活性化
1984 *6* 公教育の一元化をめざすサヴァリ法に反対して百万人デモ
7 サヴァリ法撤回，サヴァリ教育相辞任
1989 *2*『悪魔の詩』事件．*7* フランス革命二百年祭．*10* クレイユでイスラム・スカーフ事件
1991 *7*『悪魔の詩』訳者の筑波大助教授暗殺
1993 *7* トルコで『悪魔の詩』訳者たちの集会が襲撃され 37 名死亡
1994 *1* 私学助成をはかるバイルー法に反対して百万人デモ(廃案)

2001 *9* アメリカで同時多発テロ．*10* アフガン戦争
2003 *3* イラク戦争．*4* CFCM(フランス・ムスリム評議会)結成
2004 *3* スタジ委員会答申をうけ，公立校での宗教的標章規制法
2005 *9* デンマーク紙ムハンマド風刺画事件．*10* 郊外暴動多発．*12* 政教分離法百周年にむけて「21 世紀世界ライシテ宣言」
2011 *1*「アラブの春」チュニジア，エジプト，リビアなどで政権崩壊(〜12)
2014 *6*「イスラム国」カリフ制国家宣言
2015 *1* シャルリ・エブド紙襲撃事件，フランス全土で 370 万人の抗議デモ

図表出典一覧

図1 Carment-Lanfry, A.-M., *La cathédrale Notre-Dame de Rouen*, Rouen. 1993, p. 56.

図2 *Le Parisien*, 17 janvier 1994.

図3 *ibid.*

図4 *ibid.*

図5 著者作成

図6 Parias, L.-H. (ed.), *Histoire générale de l'enseignement et de l'éducation en France*, t. 2, Paris, 1981, p. 428.

図7 Fauchois, Y., *Religion et France révolutionnaire*, Paris, 1989, p. 47.

図8 *ibid.*, p. 61.

図9 *ibid.*, p. 42.

図10 *ibid.*, p. 28.

図11 Langlois, C., Tackett, T. et Vovelle, M. (ed.), *Atlas de la Révolution française*, t. 9, Paris, 1996, p. 32.

図12 *ibid.*

図13 Tackett, T., *Religion, Revolution, and Regional Culture in 18th Century France*, Princeton, 1986, p. 124.

図14 Vovelle, M., *La mentalité révolutionnaire*, Paris, 1985, pp. 144-145.

図15 Vovelle, M., *La Révolution contre l'Église: De la Raison à l'Être suprême*, Bruxelles, 1988, p. 280, planche 5.

図16 Fauchois, Y., *op. cit.*, p. 90.

図17 Vovelle, M., *op. cit.*, p. 280, planche 7.

図18 *ibid.*, p. 281, planche 8.

図19 *ibid.*, p. 282, planche 10.

図20 Archives nationales, AF/IV/1899, d.10, p. 95.

図21 Desert, G., *L'Église et la Révolution*, Paris, 1989, p. 100.

図 22　Vovelle, M., *La mentalité révolutionnaire*, op. cit., pp. 144–145.
図 23　Vovelle, M., *La Révolution française: Images et récits*, t. 2, p. 134.
図 24　Vovelle, M., *La Révolution contre l'Église*, op. cit., p. 289, planche 23.
図 25　Fauchois, Y., *op. cit.*, pp. 86–87.
図 26　Hunt, L., *Politics, Culture, and Class in the French Revolution*, Berkeley, 1984, p. 64.
図 27　Ozouf, M., *La fête révolutionnaire 1789–1799*, Paris, 1976.
図 28　Hilaire, Y.-M., "La pratique religieuse en France de 1815 à 1878" dans *L'information historique*, XXV-2, 1963.
図 29　B・ド・ソーヴィニー（上智大学中世思想研究所編訳）『キリスト教史(8) ロマン主義時代のキリスト教』講談社，1982 年，53 頁
図 30　Ledré, Ch., *La presse à l'assaut de la monarchie 1815–1848*, Paris, 1960, p. 66.
図 31　Le Goff, J. et al., *Histoire de la France religieuse*, t. 3, Paris, 1991, p. 287.
図 32　W・V・ヴァルトブルク（田島宏他訳）『フランス語の進化と構造』白水社，1976 年，13 頁
図 33　絵はがき（Musée national de l'Éducation, Rouen）.
図 34　Price, P., *1848 in France*, London, 1975, p. 61.
図 35　Garnier-Pagès, L.-A., *Histoire de la Révolution de 1848*, Paris, s.d., p. 70.
図 36　Stern, D., *Révolution de 1848*, Paris, 1848, p. 465.
図 37　Girard, L., *Nouvelle Histoire de Paris: 1848–1870*, Paris, 1981, p. 71.
図 38　Bonin, B. et al., *Paroisses et communes de France*, Paris, 1983, p. 63 より著者作成
図 39　Angenot, M., *Le Centenaire de la Révolution 1889*, Paris, 1989, p. 20.
図 40　Benoist, J., *Le Sacré-Cœur de Montmartre de 1870 à nos jours*, t. 2, Paris, 1992, p. 1240.

図 41 Prost, A., *Histoire de l'enseignement en France(1800–1967)*, Paris, 1968, p. 205 より著者修正

図 42 Le Goff, J. et Rémond, R., *Histoire de la France religieuse*, t. 4, Paris, 1992, p. 31.

図 43 Giraud, M., *Raconte-moi, Marianne...: les 36000 jours de 36000 communes*, Paris, 1984, p. 35.

図 44 *ibid.*, p. 72.

図 45 *Illustration*, 18 mars 1903.

図 46 Giraud, M., *op. cit.*, p. 104.

図 47 著者作成

図 48 *Illustration*, 18 août 1902.

図 49 Mayeur, J.-M., *La séparation des églises et de l'état*, Paris, 1991, p. 182.

図 50 Agulhon, M., *La république: 1880 à nos jours*, Paris, 1990, p. 119.

図 51 *Illustration*, 2 février 1906.

図 52 *Le Monde*, 16–17 janvier, 1994.

図 53 時事通信フォト提供

図 54 著者撮影

表 1 Vovelle, M., *La Révolution contre l'Église*, op. cit., p. 134.

表 2 *ibid.*, p. 137.

表 3 *ibid.*, p. 146.

表 4 *ibid.*, p. 149.

表 5 Pierrard, P., *La vie quotidienne du prêtre français an XIXe siècle*, Paris, 1986, p. 75.

表 6 Boulard, F., *Matériaux pour l'histoire religieuse du peuple français XIXe–XXe siècles*, Paris, t. 1, 1982, p. 135.

表 7 Luc, J.-N. et al.(ed.), *L'enseignement primaire et ses extentions: Annuaire statistique 19e–20e siècles*, Paris, 1987, pp. 122–123.

カヴァー　図 42 に同じ